"MONDES SAUVAGES"
POUR UNE NOUVELLE ALLIANCE

La nation iroquoise avait l'habitude de demander, avant chaque palabre, qui, dans l'assemblée, allait parler au nom du loup.

En se réappropriant cette ancienne tradition, la collection "Mondes sauvages" souhaite offrir un lieu d'expression privilégié à tous ceux qui, aujourd'hui, mettent en place des stratégies originales pour être à l'écoute des êtres vivants. La biologie et l'éthologie du XXIe siècle atteignent désormais un degré de précision suffisant pour distinguer les individus et les envisager avec leurs personnalités et leurs histoires de vie singulières. C'est une approche biographique du vivant. En allant à la rencontre des animaux sur leurs territoires, ces auteurs partent en "mission diplomatique" au cœur du monde sauvage.

Ils deviennent, au fil de leurs expériences et de leurs aventures, les meilleurs interprètes de tous ces peuples qui n'ont pas la parole, mais avec lesquels nous faisons *monde commun*. Parce que nous partageons avec eux les mêmes territoires et la même histoire, parce que notre survie en tant qu'espèce dépend de la leur, la question de la cohabitation et du vivre-ensemble devient centrale. Il nous faut créer les conditions d'un dialogue à nouveaux frais avec tous les êtres vivants, les conditions d'une *nouvelle alliance*.

SANGLIERS

DES MÊMES AUTEURS

Bondon R., *Le Bestiaire libertaire d'Élisée Reclus*, ACL Éditions, Paris, 2020.
Bondon R. et Boisjean E., *Cause animale, luttes sociales*, Le Passager clandestin, Paris, 2021.

Mathevet R., *Camargue incertaine. Sciences, usages et natures*, Buchet-Chastel, Paris, 2004.
Mathevet R., *La Solidarité écologique. Ce lien qui nous oblige*, Actes Sud, Arles, 2012.
Mathevet R. et Béchet A., *Politiques du flamant rose. Vers une écologie du sauvage*, Wildproject, Marseille, 2020.
Mathevet R. et Bousquet F., *Résilience et environnement. Penser les changements socio-écologiques*, Buchet-Chastel, Paris, 2014.
Mathevet R. et Godet L. (dir.), *Pour une géographie de la conservation. Biodiversités, natures et sociétés*, L'Harmattan, Paris, 2015.
Mathevet R. et Guillemain M., *Que ferons-nous des canards sauvages ? Chasse, nature et gestion adaptative*, Éditions Quæ, Versailles, 2016.

Collection créée par Stéphane Durand en 2017

ACTES SUD, 2022
ISBN 978-2-330-17121-6

RAPHAËL MATHEVET
ET ROMÉO BONDON

SANGLIERS

Géographies d'un animal politique

MONDES SAUVAGES
Pour une nouvelle alliance
ACTES SUD

SOMMAIRE

Des sangliers surgissent, ou des souches,
lequel bouge, lequel demeure ?

PIERRE MICHON,
Le Roi du bois, Verdier, 1996.

Sus scrofa du latin *sus* (porc, porceau) et *scrofa* (truie), le *sanglier* tirerait son nom commun du latin vulgaire *singularis porcus*, c'est-à-dire *porc solitaire* du fait que le mâle adulte vit seul.

Le mot *su-s* (présent dans suidés) se rattache à la racine *suH* qui signifie *engendrer* et *déverser*. Dans de nombreuses cultures le sacrifice des porcins entretient la fécondité et la prospérité.

PROLOGUE

"Il n'est point d'animal dont la recherche m'ait coûté autant de peine et de temps sans que je le connaisse encore bien. C'est dommage car, dans nos pays où manquent les grands carnassiers, il est la grosse bête farouche, celle qui exprime le mieux la sauvagerie de la forêt, lui donne une vie animale à l'échelle de ses arbres[1]."

Par ces quelques mots, l'artiste genevois[2] Robert Hainard soulignait comment naturalistes et chasseurs ont été longtemps en quête du sanglier *(Sus scrofa)*, fascinés par ce mammifère aux effectifs fluctuants mais longtemps rare dans les campagnes occidentales. La situation est aujourd'hui tout autre. L'écœurement des battues de régulation et de la fosse commune après celles-ci a succédé à la joie d'une capture exceptionnelle et aux hommages solennels qui y faisaient suite.

En peu de temps, un paradoxe s'est imposé – de celui-ci procède cet ouvrage. Dans les années 1930-1950, d'éminents naturalistes traversaient l'Europe dans l'espoir d'apercevoir la silhouette massive d'une bête noire, symbole absolu, pour eux, de la "nature sauvage". Aujourd'hui, le sanglier n'intéresse plus guère les naturalistes et peine à mobiliser des chasseurs dont la population va vieillissant : il ne serait plus qu'un "problème de gestion" – entendre, de gestionnaires[3].

On ne saurait que faire de ces bêtes-là. L'imprégnation, voire la domestication, du sauvage n'y serait pas pour rien.

Rappelons-nous. À partir des années 1980, alors que les campagnes voient les dernières haies rasées par de nouveaux remembrements, que lapins, lièvres, perdrix et faisans s'empoisonnent chaque année un peu plus dans des parcelles agricoles où les rampes de traitement se multiplient, nombre de chasseurs, à l'image de leur petit gibier favori, disparaissent. Leurs institutions cherchent alors et à tout prix à enrayer ce processus en les incitant à s'intéresser à d'autres espèces.

Les chasseurs et leurs institutions rendent abondantes les populations de sangliers, fixent leurs territoires, pratiquent une chasse qui conserve les reproducteurs et les reproductrices. On a cru mieux connaître l'animal et par conséquent le contrôler. Mais tout cela a contribué à l'explosion démographique de l'espèce dans un contexte où l'abandon et la désertification des territoires ruraux se disputent à la simplification des paysages, la modernisation de l'agriculture et le changement climatique. On voit dès lors plus fréquemment le sanglier au bord des routes, dans les champs et les parcs urbains. Peu à peu, il perd son statut de représentant de la nature sauvage et de la forêt – avec son retour, le loup monopolise désormais toute l'attention. On le pensait noble gibier de nos campagnes et forêts et voici qu'on le "régule" par centaines de milliers en raison de dégâts agricoles qui fragilisent les trésoreries et abîment les liens sociaux. Voici même qu'on l'extermine localement parce qu'un virus menace la bonne marche de l'élevage porcin français et européen.

En fait, on n'a jamais su que faire des animaux.

De nouveau rappelons-nous. En plein XIXe siècle un chasseur qui était aussi roi d'Italie s'employa à conserver quelques centaines de bouquetins ; deux d'entre eux ont été sortis en contrebande de leur réserve vers la Suisse ; des milliers en sont nés puis ont été réintroduits et protégés au siècle suivant. Et voici que l'on en abat par centaines parce qu'un bacille les a infectés et que celui-ci pourrait s'en prendre tant à la santé humaine qu'aux ventes d'un fromage français.

Aux premiers jours de l'année 2021, on achemine des loups depuis un zoo balte pour participer à la promotion d'un parc zoologique dans le Sud-Ouest de la France, parc où l'on vend des séjours en immersion auprès de grands prédateurs. Et voici qu'une fois ces loups échappés, on les tue à leur tour : devenus libres, soudainement, on les craint.

Une année plus tôt, on demande à des Françaises et des Français confinés d'observer les oiseaux communs à leur fenêtre, pour mieux les dénombrer. Et voici que l'on rencontre des faisans et des canards colverts élevés puis relâchés qui viennent manger jusque dans la main de qui les regarde. Puis ces oiseaux d'être tués lorsque la saison de chasse reprend.

Il semble que certaines bêtes que l'on a souhaité mettre en cage, en parc, en nature ou en scène, ne daignent plus y demeurer. Ou, pour le dire autrement, qu'elles débordent des limites qu'on leur a octroyées. Il en serait de l'espace comme des concepts. Les catégories usuelles, qu'elles soient issues d'un milieu (naturel, artificiel) ou d'un mode de vie (domestique, sauvage), qu'elles soient cynégétiques* (gibier, nuisible) ou qu'elles aient partie liée avec la protection de la nature et la conservation de la biodiversité (emblématique, ordinaire, en danger), ne parviennent plus à saisir un animal donné. Une bête porte sur son dos ce qu'on a mis dessus depuis des siècles, ce que ses semblables l'ayant précédé en ont fait et ce qu'on ne saura jamais totalement saisir mais qu'elle a en propre. De même, le territoire intègre tout ce que les humains ont fait, ce qu'ils ont laissé faire, volontairement ou non, et que l'on a du mal à prédire. Il en va donc du territoire et des animaux comme des catégories : tout cela explose ; habile serait celui ou celle qui parviendrait à en déduire une action politique cohérente, circonstanciée.

Des animaux, on ne sait toujours qu'en faire.

Les représentations que nous nous en faisons influencent nos actions sur ces derniers, ainsi que leur environnement. Les animaux sauvages nous aident à

---

* Relatif à la chasse.

comprendre comment les sociétés humaines appréhendent leurs milieux de vie et quelle place nous donnons à ce qui n'est pas humain. Évidemment, à mesure que notre compréhension du monde vivant, nos intérêts, nos idéologies et les réglementations que nous élaborons se transforment, que la rareté ou l'abondance des populations animales concernées se répartit diversement, nos représentations évoluent ainsi que nos priorités. Face à l'apparition ou à l'augmentation d'une espèce, sur le terrain on retrouve toujours les mêmes questions : y en a-t-il trop ? Le nombre, dites, vous en pensez quoi ? Il faut faire quelque chose, non ? Mais que faut-il faire ?

Les animaux et leurs mobilités dans le temps et l'espace génèrent des tensions, sinon des conflits. Ceux-là sont nourris par les controverses relatives aux causes et effets de leur présence, aux interactions induites avec l'appropriation humaine de l'espace. Les animaux génèrent ainsi des recompositions sociales et participent des jeux de pouvoir entre acteurs de la gestion et de l'exploitation des territoires, que leurs ressources soient naturelles ou agricoles. Comment aller au-delà de tels conflits ? Le faut-il seulement ? Qu'ils soient liés au retour du loup, du lynx et de l'ours dans quelque grand massif ; aux fouines et renards qui se repaissent dans certains poulaillers ; aux cerfs et chevreuils qui font des dégâts dans les bois et dans les plantations forestières ; aux castors qui grignotent peupliers et arbres fruitiers aux abords des cours d'eau ; aux ragondins et blaireaux qui creusent terriers ou galeries dans les digues des fleuves et rivières ; aux flamants roses et grues cendrées qui font des dégâts dans les semis ; ou encore aux sangliers dans les campagnes et aux abords des villes, tous ces animaux attirent l'attention, suscitent l'intérêt, impliquent une réaction.

N'avons-nous pas longtemps négligé ce qui meut pourtant nombre d'entre nous, soit ces processus relationnels que le vivant produit dans les paysages que l'on traverse au quotidien, que l'on explore à l'occasion d'une randonnée, lors d'une partie de chasse ou, au contraire, au moment d'empêcher la tenue de celle-ci ? Au-delà de la place que nous accordons délibérément ou non aux animaux, ne s'agit-il pas aujourd'hui de reconsidérer les violations territoriales des animaux sauvages ? De repenser comment les animaux déjouent, fuient ou transgressent les limites et les territoires qui leur ont été attribués jusqu'alors ?

On ne sait que faire des animaux ; ajoutons qu'on ne sait comment les dire. Mais du moins essaie-t-on, et les pages à leur propos s'accumulent. La littérature des dernières décennies en est pleine – qu'ils servent d'utile métaphore ou que l'on fête leur incommensurable étrangeté[4].

Dans l'indistinction politique comme dans le bestiaire littéraire, les sangliers ne sont guère en reste. On les a dits souverains en de sombres bois, ravageurs lorsqu'ils se risquent en plaine, indésirables quand ils portent dans leurs chairs ou sur leurs soies une peste qu'ils partagent avec leurs cousins domestiqués. Il est désormais plutôt rare de voir dans le sanglier autre chose qu'un effrayant problème – et alors on le chasse et on le tue, parce que pour certains, c'est là que réside la solution ou c'est ainsi qu'on l'admire et qu'on l'honore. On songe ici à Cosimo, le fameux "baron perché" du fabuliste italien Italo Calvino, qui ressent une impression pareille à "cet amour qu'éprouve le chasseur pour ce qui est vivant et qu'il ne sait exprimer qu'en le mettant en joue au bout de son fusil[5]".

Contrairement à de nombreux animaux, s'il peut prendre la fuite lors de sa chasse, le sanglier a aussi tendance à riposter et à défendre sa peau. Longtemps chassé à la lance ou à l'épieu une fois acculé, il a souvent écorché ou éventré ses assaillants et leurs auxiliaires (chiens et chevaux). C'est une histoire qui perdure. L'animal aurait été envoyé par les déesses grecques que les offrandes des humains avaient négligées lors des prémices des récoltes. Il détruit alors les champs, tue les hommes et leurs chiens. On en vient à le chasser, et toute la mythologie grecque en porte la marque : il blesse gravement Ulysse ou mortellement Adonis, est poursuivi par Hercule ou tué par Thésée. Dans la mythologie védique indienne, le sanglier est tantôt offert en sacrifice aux dieux, tantôt un avatar de Vishnu ; c'est un voleur de trésor, voire celui qui aurait retiré la Terre des eaux primitives – tout cela en dit long sur les fourmillantes ambiguïtés que l'animal génère.

Peintures pariétales paléolithiques, casques et fresques murales antiques, parures, statuettes, bijoux et trompes celtes, boucliers et blasons de chevaliers, mascottes régionales, emblèmes de régiment militaire : autant d'artefacts qui déploient sa silhouette depuis les temps anciens. Qu'ils soient grecs, romains, germains, védiques ou modernes, occidentaux ou orientaux, les récits mythologiques et les traditions usent du sanglier pour signifier la combativité, l'invincibilité, le courage et la force de l'animal comme de celui qui le chasse et le tue.

Autre chose est saisi dans les pages de romans, de poèmes, de récits. L'écrivain Julien Gracq a conté, dans l'une de ses nouvelles, comment une harde a pu, devant lui, faire d'un simple chemin une "route ensauvagée[6]". De la même manière, Pierre Bergounioux a rappelé dans un court récit l'étonnement qui a été le sien lorsqu'une "bête noire" l'a surpris, enfant, dans son jardin – l'expression, dit alors l'auteur, lui est venue de manière toute spontanée[7]. Dans les deux cas, l'agressivité ne perce pas : c'est l'étonnement qui l'emporte.

Nous savons à peu près ce que les sangliers nous font. On dit que leurs dégâts coûtent, qu'ils ne dévient pas leur course lorsqu'un véhicule les rencontre, que leur nombre est hors de contrôle et qu'il faut dès lors les réguler. Dans le champ littéraire, ils ensauvagent le récit de leur simple mention[8]. Peut-être ne feraient-ils que cela. Mais eux, que font-ils de leurs nuits et de leurs jours, comment reçoivent-ils ces traces humaines que sont une route, une culture, une battue dans la garrigue ou en montagne ? Si les sangliers sont un problème, il est évident que c'est en tant qu'ils sont pris dans un rapport social situé géographiquement et construit sur le temps long. Et il en est de même du discours les concernant. Pour l'heure, ce dernier est majoritairement celui de chasseurs, vétérinaires, épidémiologistes, gestionnaires d'espaces protégés et personnalités politiques. Des propos qu'il convient de comprendre mais qui n'épuisent pas ce que met en jeu cette espèce.

Il paraît nécessaire, dès lors, de dire autrement.

Les faits et les mots sont les mêmes à qui les constate ou les entend. Leur agencement néanmoins diffère, comme diffère la manière de rendre public ce dernier. On use des sangliers de deux façons, et on les dit d'autant. Ce serait des bêtes à problèmes dont il faudrait s'occuper – c'est-à-dire tuer ; ils seraient nécessaires aux écosystèmes dans lesquels ils évoluent, mais par trop présents et dès lors à réguler. On dit cela avec passion, en jouant sur les affects ou bien en s'appuyant sur la science, demandant une "gestion raisonnée" et technicienne.

On pourrait aussi faire des histoires.

Et par exemple renverser le point de vue. Ne plus détailler ce que nous font les sangliers – ou alors dans un second temps – mais imaginer le contraire : que sont pour eux ces sociétés humaines qu'ils côtoient ? Quelle place leur accordent-elles et comment s'en saisissent-ils ? Enfin, comment rendre compte de cela ?

Écrire des histoires, donc. On peut suivre en ce sens l'appel de l'anthropologue Pierre Déléage concernant les productions ethnographiques actuelles : "Fictionnaliser la manière et non le contenu[9]." Ne pas inventer les faits mais les reprendre autrement – en l'occurrence à la table du récit.

Le sanglier est un animal difficile à saisir, au statut controversé : il est principalement herbivore mais il peut être considéré comme un prédateur ou un déprédateur* ; c'est aussi un "fauve" à l'égal des véritables carnassiers ; enfin, il s'agit d'un animal inclassable, dérangeant, passionnant. Un animal qui peut nous apprendre beaucoup des relations qu'entretiennent les humains avec la nature. Lorsqu'on observe la vie du sanglier parmi les siens, parmi les autres vivants avec lesquels il fait communauté, parmi les humains, notre regard sur cette espèce change. Pour qui s'en donne la peine, la rencontre soudaine et furtive avec les sangliers procure toujours son lot d'émotions et de questionnements.

Que le récit permette alors l'immersion dans la vie commune des sangliers – commune, oui, mais non sans événements : une vie fondée sur nos expériences naturalistes ainsi que les plus récentes connaissances scientifiques et cynégétiques à son propos. Voir ces animaux contés, racontés, pourrait donner envie d'aller plus loin, de se mettre en situation, sur le terrain. Le sanglier n'est pas seulement un gibier ou un problème à gérer ; c'est aussi et peut-être avant tout un grand acteur des plaines et des forêts. Accepter sa venue invite plus largement à reconsidérer les valeurs relationnelles, culturelles et traditionnelles que nous accordons à la nature et aux êtres vivants.

Aussi souhaitons-nous participer à la constitution d'une géographie du point de vue animal, afin de renouveler ou, simplement, d'informer les relations politiques que l'on tisse sur et avec les animaux. Que soit connue et reconnue l'altérité des non-humains ; que soient considérées nos solidarités avec d'autres espèces et nos responsabilités à leur égard dans ce tissu vivant qu'est la biosphère, tissu que nous façonnons et dont

---

* Les biologistes parlent de *prédation* quand cela concerne les animaux sauvages et de *déprédation* pour les troupeaux domestiques afin de bien distinguer les deux actions.

nous dépendons ; enfin, que soit simplement entendu à nouveaux frais le quotidien des bêtes que l'on chasse, que l'on défend ou que l'on observe, afin d'imaginer une vie commune où leur place serait respectée.

Avancer à petits pas le groin humide sur le sol. C'est un substrat pauvre où le calcaire affleure. Pour toute litière, dessus, un tissu de feuilles trop sèches. Autour, des genêts, genévriers et chênes verts. L'animal retourne ce qu'il a sous le nez à coups de hure. Les feuilles et ce peu de terre sont mis à nu, excavés, comme soudain découverts sur une roche qu'on ouvre en deux, en trois, en mille fentes égales. On appelle cela boutis car la hure se nomme aussi boutoir et retourne, creuse, remue ; on appelle cela vermillis car l'animal fait tranchée et recherche des lombrics en ligne droite, sans détour aucun. Des trous, dirait-on plus simplement.

Donc, avancer à petits pas, le groin humide secoué d'odeurs. Ce groin-là, plein de vibrisses, est dès lors comme un œil. C'est heureux. Car les yeux sont bigles et enfouis sous des soies épaisses, celles-ci sur la face comme sur le corps entier – noires et rugueuses. La bête noire, entend-on ainsi, entend-elle aussi. Un solitaire sombre et âgé ; un animal puissant, rétif et sauvage. Et parfois il est dit que le sang dans les veines de ceux qui chassent aurait une couleur semblable à celle du dos de l'animal.

Pourtant l'animal n'est pas noir tout à fait, mais porte ses stries rousses encore. L'animal est dans sa quête comme il serait en cette flaque que l'on dit souille : un être calme et placide. Et l'animal n'est pas seul.

Autour de lui s'agitent les siens. Compagnie, famille ou même groupe : qu'importe la manière de nommer cela ; il y a des sangliers en nombre. La bête fauve est bien parmi ses congénères, certains identiques car nés le même jour ; d'autres sont mères, paraissent plus solides, ont le poil plus foncé – on les nomme laies.

Comme s'il s'agissait d'une danse, l'assemblée se suit, se disperse et, de nouveau, se resserre pour former une colonne. Fouiller un sol dur, s'y frotter le groin – et peu de choses à y trouver. Alors les pas s'accumulent, les pas conduisent à la lisière, là où poussent les déchets, les rebuts et parfois des choses plus tendres qu'on se fourre mêmement dans la gueule. Descendre à la lisière, puis s'arrêter soudain pour observer. Quelque chose s'avance.

On voit une bête à deux membres, ceux-là plantés droits – piquets, arbres ou tuteurs. La bête chancelle quelque peu : les poteaux sont fragiles, piquetés par les âges. Son pas est avare et dans ses bras se trouve un panier, qu'elle tient ferme. Elle s'en vient des abris propres à son espèce, durs et froids, barbouillés d'ocre ou de sable gris, recouverts de tuiles en terre cuite. Elle s'en vient portant ce qu'elle n'a pas consommé et qui manque de se perdre : lorsque passent cinq jours et parfois six, elle le déverse sur un tas. Alors se repaître de ce tas. Le faire moindre avant la charge suivante.

La fragile bête bascule ses produits, contemple un instant son œuvre et repart. Depuis la lisière, on sent déjà que l'odeur est plus fraîche comme, espérons-le, seront fraîches les nourritures une fois dans la gueule. Aussitôt la bête humaine est-elle partie que les autres, celles de la lisière, celles de la forêt, se portent à hauteur du monticule pour faire un repas de cette matière bien agréable. Dans la gueule les restes, les trognons, les fruits blets et ceux qui ne seront jamais mûrs ; dans la gueule les fanes et les pelures. Il faut se ménager une place et des coups s'échangent avant que les corps redeviennent sourds les uns aux autres. Les corps sont gueules et ventres ; gueules et ventres tout à leur affaire.

Puis reprendre la danse. Une laie remonte cette sente par laquelle les animaux sont venus et voici qu'une ligne se forme derrière elle. On s'en retourne, la panse pleine, là où le soir est calme.

CHAPITRE 1

QU'AVONS-NOUS FAIT AUX SANGLIERS ?

Animal étudié, suivi, contemplé, préservé, traqué, chassé, objet de rituels, découpé, cuisiné, dégusté, mais aussi élevé, lâché, nourri, pourchassé, délogé, piégé, détruit ou encore craint, fui, ignoré, vénéré, haï : les registres de l'action et de l'émotion au sujet du sanglier sont aussi nombreux que contradictoires.

À notre manière, et depuis son territoire, nous avons tenté de l'écrire en introduction de chaque section. Mais une histoire ne saurait suffire ; aussi tâcherons-nous de reprendre et de poursuivre autrement, c'est-à-dire avec les catégories que l'on accole communément à cette espèce pour mieux les explorer : animal à problèmes[1] ou susceptible d'occasionner des dégâts, ingénieur forestier ou nuisible des cultures, gibier incontrôlable ou d'exception, bête noire ou cochon[2]. Tantôt sauvage, tantôt cynégétique, tantôt domestique ou nuisible, le statut de l'espèce change au gré de ses observateurs, des lieux, des saisons, des années. Les animaux délaissent leurs habitats naturels, ne sont plus seulement entrevus dans les jumelles des naturalistes ou les lunettes des chasseurs, mais entrent de plain-pied dans des situations sociales qui dépassent de loin la traque – que celle-ci se déroule derrière un appareil photo ou un fusil.

Les sangliers nous obligent à examiner une réalité écologique, sociale, économique et politique qui les inclut nécessairement. Quels sont les paysages qu'ils façonnent ? Quelle place leur est accordée au sein de la communauté socioécologique dans laquelle ils évoluent ? Quelles sont les incidences des décisions et des pratiques humaines sur leur comportement à l'échelle d'un individu, d'une population, de l'espèce entière ?

De quoi parlons-nous au-delà de l'incongru et quelle connaissance est nécessaire pour en parler congrûment ?

Qu'avons-nous fait aux sangliers ?

Que nous ont-ils fait faire ?

Que font-ils de nous ?

*

La vivacité qui émane de toute discussion à son égard le montre bien : le sanglier est une espèce captivante autant que controversée. On le sait omnivore, opportuniste dans son alimentation comme dans le choix de ses habitats – capable, en somme, de s'adapter à de nombreux environnements. À titre d'exemples, un individu aurait été observé à plus de 3 500 mètres d'altitude, sur le glacier Blanc, dans le massif des Écrins, galopant sur une épaisse couche de neige[3] ; un autre serait arrivé à la nage sur l'île anglo-normande d'Aurigny depuis les côtes françaises, distantes pourtant de 11 kilomètres[4].

Toutefois, sur le plan législatif, foin de ces étonnantes anecdotes : le sanglier est avant tout une espèce *gibier* – c'est-à-dire un animal que l'on chasse pour sa chair – et dont les populations, considérées comme une *ressource renouvelable*, sont gérées par les chasseurs. La loi, en effet, pose un cadre précis pour cette espèce comme pour d'autres : "La gestion durable du patrimoine faunique et de ses habitats est d'intérêt général. La pratique de la chasse, activité à caractère environnemental, culturel, social et économique, participe à cette gestion et contribue à l'équilibre entre le gibier, les milieux et les activités humaines en assurant un véritable équilibre agro-sylvo-cynégétique[5]."

Or, en ce qui concerne le sanglier, le point d'équilibre est loin d'être atteint, s'il ne l'a jamais été. Outre que la notion même d'équilibre est obsolète du point de vue scientifique[6], les espaces et acteurs concernés sont moins les champs, la forêt et la faune sauvage que la pratique agricole, l'exploitation forestière et la chasse – soit les activités humaines qui usent de certains milieux ou de certains animaux à des fins productives ou de loisir. Et, de ce point de vue, le sanglier déstabilise bien les structures sociales concernant les espaces agricoles, naturels, voire urbains. Il suffit de tendre l'oreille ou d'ouvrir un œil pour cerner les principaux points de tension – à charge de les expliquer[7].

Les sangliers seraient trop nombreux. À défaut d'apporter une réponse ferme, qui ferait fi des intérêts qu'elle favoriserait, on peut apprécier l'évolution démographique de l'espèce sur les dernières décennies. Dans certains massifs forestiers ou montagneux, les chasseurs les plus anciens sont formels, et rejoignent les observations naturalistes : une cinquantaine d'années en amont, le passage d'un sanglier sur le territoire était rare, sinon exceptionnel, et marquait les mémoires. On se souvenait de la taille de l'individu, de l'endroit et de l'année où on l'avait vu. Aujourd'hui, en ces lieux accidentés autant qu'en plaine ou en garrigue, les tableaux de chasse explosent. Croiser un tel animal est devenu commun, routinier.

On peine toutefois à fournir un nombre exact pour tout le territoire français. Pour l'heure, seuls les tableaux de chasse servent de mesure, sous forme d'indicateurs. Ainsi, à l'échelle nationale, si environ 35 000 individus étaient abattus chaque année au début des années 1970, c'est plus de 800 000 qui l'ont été en 2020, soit une multiplication par 23 en cinquante ans*. Il ne serait question, pour nous, d'émettre un jugement sur ce chiffre. Bien plus, c'est sa genèse qui nous occupe, les raisons d'une telle évolution, si contraire aux tendances observées pour la plupart des autres espèces sauvages aujourd'hui**. Car, en plus d'animer les discussions, du comptoir de café à l'Assemblée nationale, en passant par les émissions matinales de radios publiques[8], les conséquences de cette évolution sont tangibles – du moins est-ce ce que l'on dit.

---

* Chiffres de la Fédération nationale des chasseurs (FNC).

** Rappelons qu'en moins de cinquante ans plus des deux tiers des populations d'animaux sauvages ont disparu à cause des activités humaines selon le dernier rapport Planète Vivante (2020) du World Wildlife Fund (WWF) réalisé avec la Société zoologique de Londres.

D'abord, les sangliers impliqueraient des collisions[9] et causeraient des dégâts agricoles toujours plus importants. Pour l'un comme pour l'autre de ces effets, des chiffres sont avancés. En 2009, 65 000 collisions avec des animaux sauvages ont été recensées, soit 20 fois plus que dans les années 1980*. Dans 50 % des cas, c'est un sanglier qui est en cause, impliquant, avec les cerfs *(Cervus elaphus)* et les chevreuils *(Capreolus capreolus)*, une trentaine de décès humains par an. Le coût de ces incidents est incertain, car il dépend des indemnisations calculées par les compagnies d'assurances ; il se situerait entre 115 et 180 millions d'euros[10].

Autant de données qui ne font guère cas de l'impact des infrastructures humaines sur les territoires de la faune et sur les individus qui y vivent. Car si le nombre d'animaux concernés par ces situations a crû en quelques décennies, il en est de même des voies de communication et des moyens de transport qui y circulent : le réseau routier national s'élève aujourd'hui à plus de 1 million de kilomètres linéaires, tandis que le parc automobile compte près de 40 millions de véhicules. Chaque année, les collisions routières sont responsables de la mort de plusieurs dizaines de millions d'oiseaux, rien qu'en France, pour la plupart des rapaces nocturnes. Ces accidents peuvent même constituer l'une des premières causes de mortalité chez quelques mammifères, comme la loutre d'Europe *(Lutra lutra)*, ou pour certaines populations d'amphibiens. Ainsi, et c'est évident, plus les densités humaines sont fortes, les réseaux routiers étendus et les populations de grands ongulés importantes, plus les collisions sont nombreuses.

Les dégâts sur les cultures impliquent des coûts moindres mais les évolutions sont similaires – et les personnes touchées, agrégées autour d'une seule et même

---

* D'après les données du Fonds de garantie des assurances obligatoires et de l'OFB.

profession, traditionnellement plus organisées et qui savent se faire entendre. Le montant des dégâts agricoles varie selon les régions, les années et les types de récoltes, mais oscille au niveau national entre 20 et 45 millions d'euros depuis une quinzaine d'années. Des effets qu'on ne peut que prendre en compte, *a fortiori* quand il s'agit d'une profession déjà épuisée par les exigences réglementaires ou par celles du marché européen et mondial.

Si habituellement les grands carnivores que sont le loup *(Canis lupus)*, l'ours *(Ursus arctos)* ou le lynx *(Lynx lynx)* nous viennent à l'esprit concernant la déprédation sur le bétail et sont l'objet de politiques publiques et d'actions spécifiques, la déprédation par les sangliers sur les agneaux, les cabris et les veaux est moins médiatisée mais existe et peut localement avoir des effets importants sur l'élevage[11]. Une évaluation aux États-Unis pour l'État de Caroline du Sud estimait les pertes liées aux déprédations par les populations férales de "cochongliers" – porcs domestiques croisés avec des sangliers vivant à l'état sauvage – à plus de 230 000 euros par an[12]. Introduit en Amérique dans la première moitié du XVIe siècle puis objet d'introductions fréquentes pour la chasse aux XIXe et XXe siècles, le sanglier est désormais considéré comme une véritable peste sur le continent. Souvent croisé avec son cousin domestique, le *wild hog* ou porc sauvage compte parmi les espèces envahissantes les plus destructrices aux États-Unis aujourd'hui. Entre 6 et 9 millions d'animaux feraient des ravages dans pas moins de 42 États et 4 provinces canadiennes[13]. La moitié se trouverait au Texas où ils causeraient quelque 288 millions d'euros de dommages par an. Les porcs sauvages sont accusés de détruire les cultures mais aussi les parcs de loisirs, de terroriser les touristes dans les espaces protégés et d'évincer les autres espèces sauvages qui habitent les mêmes territoires. Preuve supplémentaire de l'ampleur du problème, un dicton circulait déjà il y a une dizaine d'années parmi les chasseurs, scientifiques, propriétaires et fonctionnaires en charge du problème outre-Atlantique : “Il y a deux sortes de propriétaires : ceux qui ont des cochons sauvages et ceux qui auront des cochons sauvages[14].”

Alors partout on réagit : on chasse le plus possible, on régule en masse, on éradique à l’aide d’hélicoptères en Australie ou au Texas[15], on conçoit des Super Monster Wolf, des “robots loups” aux crocs proéminents et aux yeux rouges, pour protéger les exploitations agricoles au Japon[16], on limite ou interdit le nourrissage dans beaucoup de pays européens, on invite à lever des clôtures en bordure de cultures et le long des grands axes ainsi qu’à créer des passages à faune pour contenir et canaliser les flux, on s’échine à gérer les bords de route pour qu’ils ne soient plus des lieux de stationnement ou de migration des animaux, on teste – avec peu de succès – répulsifs chimiques, réflecteurs, ultrasons. En somme, toute l’intelligence humaine se trouve sollicitée.

Comment voir clair dans ce fatras de conséquences dont les causes sont variées et leur mise au jour non sans effet pour certains acteurs ? Partir des discours, des textes, des chiffres, des données écologiques comme des évolutions sociales. En somme, coupler sciences humaines et sciences naturelles pour ne rien laisser au hasard de l’interprétation[17]. Considérons autant l’animal que cette pratique contestée et disputée par certains, soutenue et instrumentalisée par d’autres, qu’est la chasse, pour comprendre le lien qui les unit. Si le sanglier est avant tout, selon la loi, un animal cynégétique, il nous faut aussi nous intéresser à celles et ceux qui le traquent pour mieux le connaître.

Avancer en foulées grandes, foulées grandes et foulées sûres. L'endroit où aller est bien connu et les pattes sont mises en branle sitôt que le soir vient. D'abord, soulever ce corps, ces cinquante kilos auxquels trente de plus s'ajouteront bientôt pour s'arracher aux herbes qui forment un épais tapis. L'animal s'est couché parmi les buis. Il sait que les arbustes alentour sont pleins de ses semblables, comme il sait qu'en d'autres saisons les chênes sont lourds de glands. Ces fruits-là, il en fait de coutume son repas. Mais la nourriture ne se trouve pas encore aux arbres et il n'en reste guère sur le sol. Aussi s'agit-il de la chercher ailleurs. Et là-bas, ailleurs, un chemin y mène. Depuis le buis où il a trouvé repos, il est aisé de s'y rendre. La bête est certitude et assurance, car elle en a déjà suivi d'autres. Elle a suivi et elle a appris.

Ce sont les pas redoublés de l'aller et du retour qui ont formé la sente. Des pas en pagaille, ceux d'une compagnie grouillante. Dans la terre, on voit les empreintes des marcassins au poil court, roux et rayé. Par-dessus, autour, partout, d'autres marques, des traces en grand nombre, celles de toute une famille. Six de ces animaux passent quotidiennement. Le devant des ongles marque plus fort à l'aller, lorsqu'il s'en faut descendre ; au retour, ce sont les gardes, en arrière du pied, qui s'enfoncent plus loin dans le sol. La terre lessivée par un orage laisse longtemps visibles les traces, plus longtemps encore une fois l'eau disparue. Voici que les jours passent, que la chaleur monte, que le sol se craquelle ; l'empreinte est devenue fossile.

Alors oui, suivre cette sente et tenir le galop, les pattes de l'arrière l'une à la suite de l'autre, sur une ligne verticale, tandis que les pattes du devant sont jetées ensemble à l'horizon. Sur la piste, des brindilles, de petites pierres qui y ont roulé. D'autres bêtes se meuvent ici le jour – et la piste d'en être mieux marquée. Des branches basses fouettent le museau de sangliers qui, en parfaite file indienne, descendent vers la plaine.

Celle-ci est à l'image des feuilles piétinées durant l'automne. L'eau y a fait torrents, puis ravines, puis fossés. Là, les pattes ne foulent plus la roche mais des herbes hautes, parfois fauchées, bonnes ou mauvaises. Le groin des uns dans le derrière des autres, la compagnie ne s'arrête pas. Les aînées devancent les portées plus récentes, ces bêtes bicolores, ces bêtes sans défenses. On entend un ronflement lointain. Un sourd et continu raclement. C'est la ville proche, la forêt des êtres aux jambes longues. Elle barbouille la nuit et les étoiles d'un même jaune.

Sur la plaine, dans la nuit, de simples silhouettes. Des dos concaves rendus ronds plus encore par le halo jeté dessus. Des oreilles qu'on appelle écoutes, dressées hautes comme celles du murin ou bien de l'âne ; entre elles, un panache qui macule grillages et barbelés quand la tête se baisse trop peu pour les franchir. Des sangliers comme un torrent issu de la garrigue et pas un méandre pour faire dévier leur course.

S'arrêter. Écouter immobile.

N'être plus une ligne alors, mais se départir. Il y a, sur le sol, autant de grains que d'étoiles dans le ciel. Comme si l'un se reflétait dans l'autre. Le groin est rendu fiévreux par le site retrouvé : il renifle la poussière de maïs qui comble la faim. Des grains comme venus de la terre, des grains tombés d'un arbre absent ou, peut-être, des grains tombés du ciel. Seule l'odeur étrange signale leur provenance. On s'en est saisi à poignées pleines et on a lancé les semailles avec des gestes larges. L'odeur est infecte mais, à l'heure de la faim, les vibrisses répondent tout autrement. Sous les ongles de la compagnie, c'est une aubaine et l'aubaine se partage, se transmet : les herbes sont couchées ici plus qu'ailleurs. Les sangliers ne découvrent pas – ils reviennent.

Les plus jeunes sont les premiers, passent d'un tas à l'autre, lancent des coups de langue sur le sol et des coups de dents aux camarades trop remuants. Soudain, dents et langue butent sur une pierre au goût de rouille. Sous un tas entièrement dévoré se dévoile un renflement de fer. C'est une roche qui a l'odeur de ceux qui tirent et de ceux qui tuent. Mais une roche, aussi, qui a l'odeur des grains qu'on y a posés.

Quatre queues, quatre vrilles, battent l'air d'un rythme égal. Le groin est posé sur cette barre qui forme un seuil, et dont les jeunes ne savent que faire. Lever une patte alors, puis tâter. Se raviser, timide, et jeter un regard en arrière, vers une mère qui paît à quelques foulées de distance. Lever la patte de nouveau pour franchir une porte qu'on ne voit pas, lever cette patte, oui, la poser pour traverser enfin. Avancer à petits pas, encore, mais s'arrêter entre chacun ; s'arrêter pour humer l'air et humer l'herbe, s'assurer que la nourriture découverte sera bonne à ingérer, à digérer, à déféquer. Avancer d'une foulée moindre : léger sur les ongles, discret dans la nuit, presque absent au dehors ; présent dans les pas et dans ce groin qui continue de renifler. Le grain et d'autres odeurs. Il y a la forêt non loin et les bêtes qui la peuplent, comme il y a le renflement de fer qui empuantit l'espace et rend l'animal moins serein. D'autres odeurs, mais le grain. Alors avancer encore. Avancer jusqu'à buter sur une branche.

Une branche, donc, celle d'aucun arbre, mais trouvée en sous-bois, la veille, et posée dans un équilibre précaire. Précaire à dessein. La branche, aussitôt, est poussée par le groin, la hure, la bête ; un fil est mis en mouvement par cette branche. Alors, la porte d'une cage se voit en même temps qu'elle se referme sur l'occupant. Un bruit sec. L'armature et la bête sont secouées sous le choc. La bête est dedans. Dehors, la compagnie s'éparpille un instant puis se reforme pour prendre la sente. La compagnie disparaît du paysage pour se cacher dans ses replis.

Un bruit sec, une secousse et plus un son ensuite.

La nuit. Une plaine vaste. Une cage.

Alors se jeter de tout son poids contre les grilles. Reprendre de l'élan et se lancer plus vif sur les montants, pourtant impassibles à ce qui les heurte. Se retourner, encore, pour rebondir, encore, et ainsi pendant des heures, et ainsi pendant des jours si le sommeil n'intervenait. Le groin est couleur rouille et sang, les soies sont couleur rouille et sang, la cage est couleur rouille et sang. À bout de forces, s'endormir enfin.

Le jour. Une plaine plus étroite une fois allumée. Sur le tas de grains, s'en mettent jusqu'à ras les tourterelles et les ramiers, tandis que dans une cage un sanglier dort.

Enfin se réveiller. Non loin s'entend le bruit de l'herbe que l'on foule. La cage, éprouvée, est désormais visible, comme l'est ce qui soudain approche. On vient : les vibrisses et les écoutes l'indiquent mieux que la vue. L'animal qui se dessine est haut sur ses membres et ceux-là vont par deux et non par quatre. Ses pas chuintent car du plastique entoure ses pieds. Ses pas chuintent et font craquer les herbes, la terre, les insectes. Grillons, couleuvres et criquets détalent ; l'homme – car c'est ainsi qu'il se nomme – a le pas allègre. Dans une main, un sac de même matière qu'à ses pieds et le bruit cassant du sac pareil au bruit des herbes.

Sortir alors, car du sac dépasse un tube de la taille d'une branche. Une canne de métal sombre. Le canon d'un fusil. Et donc s'en aller, trouver une issue, prendre élan pour repartir. Mais rebondir encore, contre les barreaux du piège, rebondir encore.

Pourtant le fusil ne servira à rien. On ne le sortira du sac. Deux animaux semblables au premier le suivent. Ils portent une caisse, une boîte, une cage encore.

S'en aller en ligne droite – impossible. Poser les pattes sur la grille et sortir par le ciel – impossible. Poser le groin contre le sol et creuser dans la terre – impossible. Claquer la mâchoire contre le fer sans rien pouvoir saisir. Émettre un grondement mais ne repousser personne.

Et les bipèdes posent le sac et posent la cage, les bipèdes s'assemblent et discutent, les bipèdes s'organisent. Une caisse, une boîte, une cage que l'on pose à la porte de la première. Et la porte que l'on tire.

Sortir. Courir, vite. Et buter de nouveau, non plus contre le fer mais bien contre le bois. Entravé. Contenu. Emmuré. Contraint. Fébrile, fiévreux et impuissant.

Le sanglier comme immobile. Des mains s'en saisissent et prennent ses mesures. On renseigne le poids. On renseigne la taille, celle du garrot et celle de toutes les pattes. On extrait du sang pour une fiole et celle-là ira dans une machine pour que des courbes en sortent. On renseigne son âge en soulevant sa lèvre. C'est un grès que l'on dévoile. Sur lui s'aiguise la défense – courte, la défense, mais forte dans le regard aussitôt troublé de l'homme. On perce les oreilles, ornées dès lors de boucles bleues. Il s'agit de reconnaître pour prendre note, prendre note pour dresser un modèle et, ainsi, lire un peu mieux dans l'avenir de la bête et de ses semblables. On ajoute aux boucles une parure plus encombrante. On l'a extraite du sac. C'est un collier. Ce qui dans le sac pesait lourd. Voici de quoi suivre la bête sans qu'il ne soit besoin de la voir.

La tête de l'animal forme un cône et on craint le collier trop lourd, son port malaisé, la taille difficile à ajuster. Alors bien serrer et user des oreilles de la bête pour le retenir en le maintenant derrière celles-ci. La sangle est jaune, aussi large que la main qui la tient. Un boîtier noir est monté dessus et incidemment sur la tête de l'animal dès lors que la boucle se referme.

Une démangeaison derrière le crâne de la bête et ce pendant des jours. Il faudra se frotter sur mille arbres pour s'en défaire. Mais pour l'heure, la bête est une masse molle. Être un sac, comme un sac, comme celui qui contenait le boîtier et la sangle. Peser et ainsi rendre faibles ces bras qui manipulent et transportent ; peser, et ainsi entendre geindre les porteurs, en raison de ce poids de bête morte. On soulève l'animal. On le repose dans sa boîte.

Sous les ongles, l'herbe de nouveau.

Elle passe dans les trous entre les planches. Sentir un frisson qui monte de la garde jusqu'à l'échine à leur contact, un frisson qui parcourt l'entier du dos. Des bruits au-dessus. Une voix forte. Puis une main sous la gorge. Une clé. Un déclic. Le collier bouclé tout à fait. Autre main, autre clé et bruit similaire : les entraves soudainement retombent.

Devant s'ouvre le dehors.

Alors ne pas attendre mais s'élancer, s'élancer seulement. Cela peut surprendre mais plus rien ne s'oppose à l'élan ; ne plus rebondir, ne plus cogner ; s'élancer dans le dehors et l'habiter comme quelques heures auparavant. D'abord, gagner les sous-bois sans prendre garde aux graminées, à toutes les plantes ; là, courir sans plus d'attention pour les corvidés que pour les rapaces qui survolent la garrigue – se moquer des herbes et des oiseaux, comme les oiseaux se moquent de la bête qui s'enfuit. L'un tend large ses ailes, porte pattes et œil et bec d'une couleur similaire, a le ventre blanc empli de taches et le dos brun. On nomme ce rapace l'aigle de Bonelli et la bête qui court en contrebas n'a que faire de ce nom. Car il faut remonter la sente, n'importe quelle sente pourvu que son issue soit un lieu sûr. Un tel lieu s'annonce. Au détour d'un fourré, une souille. Une clairière bien curieuse mais accueillante. Alors s'y coucher. Avant, frotter cette tête ceinte contre le sol. Mettre de la poussière sur le jaune du collier. Faire de la sangle qu'on porte au cou une partie de soi. Puis s'étendre.

CHAPITRE 2
ANIMAL CYNÉGÉTIQUE

Le sanglier fait partie des quatre-vingt-dix espèces sauvages chassables au niveau national. Une liste est fixée par la loi et, afin de mieux "gérer" les populations concernées, s'ajoute à celle-ci le niveau de prélèvement sur un territoire, soit le nombre d'individus à abattre. Ce nombre peut être vague et indicatif, comme il peut faire l'objet de quotas et d'objectifs régulièrement amendés dans un plan de chasse et un schéma départemental de gestion cynégétique (SDGC).

Depuis l'instauration du plan de chasse en 1963 pour le grand gibier, son application s'est peu à peu généralisée, jusqu'à concerner la plupart des espèces chassables. Des objectifs de prélèvement sont proposés par les fédérations départementales des chasseurs et les commissions départementales de la faune sauvage (CDFS), instances qui rassemblent des représentants et représentantes des sociétés de chasse comme des services de l'État, des propriétaires, des agriculteurs et des agricultrices ainsi que des associations de protection de la nature. Toutefois, si pour certaines espèces à l'instar du cerf, du tétras-lyre *(Lyrurus tetrix)* ou du chamois *(Rupicapra rupicapra)*, on se dispute pour réduire ou accroître le nombre d'individus qu'il sera possible de tuer sur une saison, la question ne se pose pas en ces termes pour le sanglier. Généralement non soumis à un plan de chasse, il n'y a pas de seuil au-delà duquel suspendre son abattage ; bien plus, des quotas minimums sont attendus – et l'encadrement législatif permet d'étendre toujours plus la possibilité de les remplir.

Un gibier pétri de contradictions

Sur le territoire national, la chasse aux sangliers est usuellement ouverte de mi-septembre jusqu'à la fin du mois de février. Mais ce qui est usuel ou coutumier, à l'égard du sanglier, peine à perdurer. Les aménagements sont multiples : selon les lieux, depuis une dizaine d'années, l'espèce peut être également chassée en dehors du calendrier habituel. C'est le cas entre le 1er juin et le 15 août pour les détenteurs d'une autorisation préfectorale individuelle ; cela continue entre le 15 août et l'ouverture générale de la chasse, cette fois sans aucune formalité ; enfin, depuis peu, il en est de même de fin février jusqu'au 31 mars. L'allongement successif des périodes de chasse, dans un but avoué de régulation des populations et sans que soit pris en compte le dérangement des espèces sensibles comme le grand tétras *(Tetrao urogallus)*, la cigogne noire *(Ciconia nigra)* ou le butor étoilé *(Botaurus stellaris)*, voire d'autres gibiers durant leur période de reproduction*, scandalise bien souvent les autres usagers des espaces naturels. Non que ces derniers prennent fait et cause pour les sangliers présents à proximité de leur lieu de vie ; bien plus considèrent-ils qu'ils ne sont guère en sécurité pour poursuivre leurs propres activités et cela, désormais, quelle que soit la saison**. Une véritable confiscation de l'espace et de sa jouissance par un groupe social donné – les chasseurs – serait en cause, au motif qu'une espèce jugée proliférante ne pourrait être contrôlée autrement***. Toutefois, les raisons de l'accroissement démographique des sangliers laissent souvent songeur et l'argumentaire cynégétique peine à convaincre.

---

* On imagine ce qu'il peut se produire quand les chiens d'une battue tombent sur un faon de chevreuil en juin.

** Si le nombre d'accidents de chasse et d'accidents mortels est en forte baisse depuis une vingtaine d'années, ils représentaient encore, selon la FNC et l'Office français de la biodiversité (OFB), 136 accidents dont 11 mortels lors de la saison 2019-2020. Le fait que la plupart des victimes soient des chasseurs, que la baisse des accidents soit mise en avant par les institutions cynégétiques, ne semble pas calmer l'opinion publique. Celle-ci manifeste son effarement chaque saison en constatant, d'une part, que ces accidents concernent aussi les autres usagers de la nature ou les habitants de la campagne et, d'autre part, qu'ils sont principalement liés à des manquements aux règles élémentaires de sécurité en action de chasse.

*** Ce que certaines études menées par des épidémiologistes et biologistes corroborent dans la situation actuelle[1].

En plus de ce statut législatif bien malléable, le sanglier peut être localement compris parmi les *animaux non domestiques susceptibles d'occasionner des dégâts aux activités humaines* – ceux que l'on disait *nuisibles ou malfaisants* avant qu'une loi ne se charge de les requalifier sémantiquement en 2016[2]. La régulation par la chasse ou la destruction, après piégeage, de ces derniers, sont un droit ancien de protection des propriétaires et des agriculteurs. Ceux-là ont pendant longtemps eu la possibilité de se défendre eux-mêmes de ce genre d'animaux, appelés aussi *bêtes fauves*. Si c'est toujours le cas pour certaines espèces sur la base de la jurisprudence, parmi lesquelles les blaireaux *(Meles meles)*, les pies *(Pica pica)* ou les corneilles *(Corvus corone)*, d'autres sont désormais exclues de cette catégorie – en premier lieu les espèces protégées, celles sujettes à un plan de chasse et, étonnamment, le sanglier[3]. C'est que les suidés ne sont pas seulement déprédateurs, ils sont aussi, depuis une cinquantaine d'années, le principal gibier des campagnes françaises. Son statut législatif n'est donc pas dénué de contradictions. Sa destruction, comme s'il s'agissait d'un corvidé* ou d'un mustélidé**, peut paraître incongrue à beaucoup ; pour d'autres, au contraire, les limites encore en vigueur mériteraient d'être abolies.

Ainsi, bien que les appellations évoluent, l'attribution exceptionnelle d'un droit de destruction ou de piégeage perdure. La liste des animaux concernés, les périodes où leur traque est autorisée et les modalités de sa mise en œuvre, tout cela est précisé au niveau départemental selon des critères de santé et de sécurité publiques, de prévention des dégâts aux activités humaines, ou pour assurer la protection d'une flore ou d'une faune particulières. Plusieurs types d'espèces se voient ainsi

---

* Famille de passereaux qui comprend les corbeaux, les corneilles, les pies, les témias et les geais.

** Famille de petits carnivores où l'on retrouve en France les belettes, hermines, putois, fouines, martres, loutres et blaireaux.

catégorisés. Certaines espèces sont jugées indésirables du fait de leur caractère allochtone – bernache du Canada *(Branta canadensis)*, rat musqué *(Ondatra zibethicus)* – et de la concurrence que cela entraîne avec des espèces autochtones. D'autres sont classées en raison de leur comportement déprédateur sur les élevages – fouine *(Martes foina)*, renard *(Vulpes vulpes)* – et de la perpétuation d'un discours stigmatisant à leur égard. D'autres, enfin, le sont pour les dégâts qu'elles occasionnent et, surtout, la dynamique jugée incontrôlable de leur démographie. À ce titre, le sanglier peut se trouver inscrit dans cette catégorie.

Lorsqu'il est ainsi classé à l'échelle d'un département, une battue administrative peut être organisée sur décision préfectorale, de même que des tirs de nuit, que l'on soit en période de chasse ou non, sous la responsabilité d'un lieutenant de louveterie*. Pareillement, si le maire d'une commune constate une carence des propriétaires ou des détenteurs des droits de chasse pour contenir les dégâts, une telle décision peut être ordonnée afin de prévenir les dommages importants à l'encontre de toute forme de propriété.

En somme, les verrous sautent les uns après les autres pour encourager l'abattage des sangliers, et seules persistent quelques pratiques plus conservatrices, paradoxalement du fait des chasseurs eux-mêmes. Que l'on appelle cette traque régulation, destruction ou simplement chasse, il s'agit toujours d'une même intention : tuer des animaux que l'on considère comme trop

* Les lieutenants de louveterie sont des personnes bénévoles qui collaborent avec l'administration et ayant des compétences cynégétiques. Assermentés, ils sont nommés par le préfet de département pour aider à réguler les espèces à problèmes et à maintenir le fameux équilibre agro-sylvo-cynégétique. Ils organisent des battues administratives, des tirs de nuit, des piégeages ainsi que des missions de lutte contre le braconnage et de police de la chasse. Historiquement les lieutenants de louveterie ont été institutionnalisés sous Charlemagne pour lutter contre les dégâts des loups aux troupeaux.

nombreux à un moment donné, en un lieu donné, pour parer à leurs effets sur les infrastructures humaines – quand bien même leur nombre dépendrait de ces mêmes infrastructures.

Généralisation de la battue

En France, on chasse le sanglier principalement de deux façons : collectivement, en battue, avec rabatteurs et chiens courants ; individuellement, que ce soit à l'affût, à l'aube et au crépuscule, généralement du haut d'un mirador, ou bien en plein jour, à l'approche. Ces méthodes ont une histoire et une géographie distinctes. Selon l'ethnologue Sergio Dalla Bernardina, la pratique collective serait plus ancrée à mesure qu'on gagne le Sud de l'Europe et, à l'inverse, la chasse individuelle plus généralisée vers le nord et l'est du continent[4], ce que confirme l'anthropologue Bertrand Hell, spécialiste de la pratique cynégétique sur cette aire géographique[5]. Néanmoins, l'accroissement des populations de sangliers sur l'ensemble du continent européen a généralisé la pratique de la battue pour en contrôler plus efficacement les effectifs. Elle serait même devenue, pour certains chasseurs, une tâche, un travail, une mission – voire un sacerdoce ou un pathétique attribut identitaire. La battue et le décorum qui l'accompagne font désormais partie du paysage rural, quel que soit le territoire considéré[6].

Observons de plus près le déroulement de l'une d'entre elles. Selon les régions et les traditions, son organisation connaît quelques variantes, certes, mais si on la brosse à grands traits, cela s'arrange généralement de la manière suivante.

Tout d'abord, la battue s'annonce : bien souvent, des panneaux indiquent une "chasse en cours" ; des silhouettes parées d'un gilet et d'une casquette fluo sont disséminées à distance égale en lisière de champ ou de forêt ; des aboiements et des encouragements se font entendre. Après qu'un ou plusieurs participants ont "fait le pied*", c'est-à-dire cherché les traces les plus récentes laissées par des individus sur le territoire de chasse, on met en place, sous la responsabilité d'un meneur, des lignes de tir tout autour dudit territoire. Les postes à pourvoir sont connus : un numéro au sol, sur un arbre ou un mirador indique la place des tireurs, chacune attribuée par tirage au sort en début de matinée. Le périmètre établi forme ainsi une enceinte à l'intérieure de laquelle une ligne de rabatteurs et de chiens avance pour pousser le gibier vers les tireurs postés aux limites de la zone. Sous les commandements du plus aguerri ou, à défaut, du plus sûr de lui, les chiens des traqueurs sont lâchés. Un coup de trompe résonne. Il signale le début de la battue et est rapidement suivi de cris et d'aboiements. Les tireurs attendent le gibier. Ils le tireront derrière eux lorsque ce dernier aura franchi la ligne. Une fois le ou les animaux abattus, trois coups de corne annoncent aux chasseurs la fin de la traque. Un pick-up vient chercher les corps ramenés par un ou plusieurs chasseurs selon la taille de la bête. Le groupe rejoint les voitures stationnées à l'entrée du secteur chassé et se retrouve chez l'un d'entre eux ou au rendez-vous de chasse (souvent une cabane assez rudimentaire où l'on prend le café ou le déjeuner en groupe lorsque l'on chasse toute la journée) pour découper l'animal et faire le partage des morceaux. Puis, on se quitte jusqu'à la prochaine battue. Avant cela, toutefois, on n'aura pas manqué de faire quelques gestes qui participent des rituels – saignée, châtrage, vidage – permettant symboliquement de mettre fin à la mise à mort de l'animal sauvage et de préparer la consommation de la viande[7]. Mais sera

* Notons qu'aujourd'hui en de nombreux territoires les densités de sangliers sont si élevées que les battues sont planifiées plusieurs semaines à l'avance car les chasseurs sont certains de la présence des animaux dans ces lieux.

aussi venu le temps de s'attabler. Alors, on sort les victuailles, on remonte le temps. On déroule la journée ou la matinée. Qui a vu quoi ? Qui a tué quoi ? Qui a raté quoi ? On ricane, on raille, on approuve bruyamment, on trinque. On refait la partie de chasse.

Dédé, septuagénaire, est l'un d'eux. Ce natif du Pays d'Urfé est chasseur, scieur, forestier. À ce titre, il arpente en tous sens les vastes et belles hêtraies sapinières du Massif central. Pour lui, le sanglier et sa chasse en battue sont venus envahir puis hanter les sous-bois et taillis de cette moyenne montagne aux confins de l'Auvergne, du Forez et du Bourbonnais dans les années 1980. Le déploiement de cette pratique aurait eu lieu à la vitesse de la chute d'un arbre par grand vent, comme lors de cette tempête à la fin du mois de décembre 1999 qui a tant marqué les esprits. Le sanglier à la bauge, les hardes fourmillantes, le vaillant solitaire, les bêtes rousses au bidon de maïs : autant de rencontres qui ont marqué sa rétine et ont définitivement occupé sa vie. Le sanglier serait de ces gibiers qui poursuivent leur chemin à pas feutrés vers la digestion lente des émotions que leur rencontre a engendrées. La beauté du sauvage, l'excitation de l'attente les sens aux aguets, la puissance des charges sur les gascons et l'ampleur de leurs blessures lors d'un ferme roulant*, l'extrême violence d'une funeste traque lorsque les chiens ont dévoré le sanglier vivant, les amitiés viriles et enivrantes, le trouble de cet animal et l'élan vital qui lui sont associés à travers sa chasse : voici tout ce qui a bâti la relation du vieil homme à sa passion cynégétique et au monde jusqu'à sa disparition en 2021. Comme pour nombre de chasseurs, la nature fut son terrain de vie autant que son terrain de jeu.

---

* Le gascon saintongeois est un chien de chasse. On dit que le sanglier est au ferme lorsqu'il tient tête aux chiens, le ferme est dit "roulant" lorsqu'à plusieurs reprises le sanglier fait face à la meute puis se déplace un peu plus loin avant de tenir tête à nouveau.

L'omniprésence du sanglier dans nos campagnes est issue de plusieurs recompositions sociales et écologiques. Autrefois, la chasse paysanne concernait principalement le petit gibier dans les terres agricoles et autour des villages[8]. Cette chasse traditionnelle prenait place dans l'espace domestique – les terres pastorales (le *saltus*) ou cultivées (l'*ager*) – et concernait principalement lièvres, lapins ou perdrix qui coexistaient et cohabitaient dans l'espace domestique[9]. Leur chasse et la consommation de leur viande pouvaient être conçues comme une forme de contrepartie de leurs petits dégâts aux cultures. Le sanglier venait d'un milieu plus sauvage, de la forêt (la *silva*), et réalisait ponctuellement des intrusions jugées indésirables car génératrices de dégâts dans les terres cultivées. Il était alors l'objet d'une chasse de légitime défense sous la forme d'un droit d'affût qui perdurera jusqu'en 1968*. L'ancrage territorial était et reste important pour beaucoup. Le chasseur qui vit et travaille localement rencontre la faune sauvage au quotidien et au fil des saisons dans l'espace agricole comme forestier qu'il traverse ou exploite, contrairement au chasseur urbain qui n'observe le gibier que durant la saison de chasse sur des territoires plus restreints. La chasse paysanne revendique alors souvent l'autochtonie et l'authenticité car elle connaît et travaille la terre où elle vit[10]. Elle partage avec les approches de nombreux naturalistes un rapport à l'espace qui repose sur les chemins de traverse, mais peut s'en différencier par le lien intime que ces chasseurs tissent avec cette terre qu'ils travaillent, qui les nourrit et qu'ils partagent avec un groupe, ce monde commun dont le petit gibier fait

---

* Désormais, un arrêté préfectoral individuel est nécessaire pour procéder à une action de chasse hors de la saison. Sinon, il faut respecter les règles du schéma départemental de gestion cynégétique et mettre un bracelet acheté à la fédération départementale. Toutefois, si le sanglier est classé nuisible en raison des dégâts qu'il occasionne, il n'est pas nécessairement soumis au plan de chasse donc le bracelet n'est pas imposé partout.

partie[11]. On se souvient là du premier lièvre, ici de la première perdrix, les anecdotes fusent avec le pépé, le père ou le cousin. La pratique généralisée de l'agrainage permet plus qu'autrefois de cohabiter avec la faune comme on sympathise avec un nouveau voisin. En bien des lieux, le sauvage est familier plus qu'on ne croit.

Aujourd'hui, en se convertissant à la chasse aux sangliers, les chasseurs ruraux exercent principalement leur passion dans la garrigue ou les forêts environnantes. Voici une quarantaine d'années, il était possible d'opposer la battue bourgeoise des chasses commerciales et privées, fondamentalement inégalitaire, confrontant rabatteurs et tireurs, et la battue populaire qui, pour sa part, faisait fi des différences sociales entre les participants[12] – et la convivialité, alors, de s'en trouver ravivée. L'imposition de l'impératif gestionnaire comme motif et mobile de la pratique a rebattu les cartes de cette distinction*. Dans un cas comme dans l'autre, et malgré les évolutions, un argument continue d'être mis en avant pour justifier de cette passion : la sociabilité masculine, "caractéristique cynégétique par excellence[13]". Il n'est pas rare, en ce sens, qu'au cours d'un entretien, des "anciens" disent participer à une battue pour y voir connaissances et amis plus que du gibier. Ainsi, la cabane de chasse peut être investie en dehors des jours de sortie, pour y déjeuner, se donner rendez-vous pour une autre activité ou pour y passer une partie de la soirée.

C'est dans un tel lieu, le local d'une petite société communale alpine, que nous avons pu discuter le plus librement de cela avec trois chasseurs de deux associations voisines[14] ; c'est dans un local similaire que nous avons rejoint, un soir d'avril, une vingtaine de chasseurs de tous âges pour participer à un comptage au phare,

---

* Du moins est-ce le cas général en France. L'organisation cynégétique peut encore être socialement très hiérarchisée, comme dans certaines régions françaises ou espagnoles, où d'immenses propriétés privées accueillent noblesse et bourgeoisie d'affaires à l'exclusion de toutes autres activités.

afin de dénombrer les cerfs, chevreuils, lièvres, renards et blaireaux présents le long d'un parcours reconduit chaque année[15]. La chasse, on le voit, s'exprime lors d'actions résolument codifiées mais, aussi, en des lieux pérennes et reconnus. Et si la FNC fait quelques efforts pour rendre attractive auprès des femmes sa communication – avec des écarts et lourdeurs qui se passent de commentaires – la chasse reste en effet essentiellement masculine[16]. Seulement 2 % des pratiquants seraient chasseuses*, qu'une association nationale tente depuis une vingtaine d'années de fédérer. Le sociologue Benoît Coquard rappelle qu'au même titre qu'un club sportif, la chasse fait figure de socle, en maints endroits, à la sociabilité rurale des hommes[17]. Cette sociabilité ne va pas sans une appropriation territoriale, nécessaire à l'activité pratiquée. Une appropriation qui ne va pas de soi, mais que les chasseurs ne cessent de chercher à légitimer[18].

Espaces et temps de la chasse : l'enjeu du territoire

Il nous faut ajouter un élément. Lors d'une battue, que les pieds soient chaussés ou bottés, que les pattes soient celles d'ongulés ou de chiens, toutes ces extrémités foulent un même sol. La pratique cynégétique implique de considérer la matérialité du lieu où elle prend place – "la chasse territorialise", disait en ce sens un sociologue voici une trentaine d'années[19]. En confrontant donc deux territoires, celui de l'espèce traquée et celui que s'attribuent ses poursuivants, la chasse met en jeu un ensemble d'éléments géographiques diversement

* Le féminin de chasseur est bien chasseuse, mais si une femme est une grande chasseuse, on la qualifie rapidement de Diane chasseresse. "Chasseresse" est ainsi le féminin poétique de chasseur, selon le *Littré*, plus ancien que le mot "chasseuse", elle l'a supplanté dans l'usage courant.

appropriés. "Appropriation" est le terme adéquat, car c'est par ce biais que se définit un territoire, quelle que soit l'espèce considérée. Par ailleurs, sur le plan juridique, le droit de chasse est lié au droit de propriété, pour faciliter la mise en œuvre de cette pratique comme pour la refuser, et ce depuis ses origines révolutionnaires. À la fin du XVIIIe siècle, parmi ses réformes, la Constituante attribue ce droit aux propriétaires, mettant ainsi fin aux privilèges seigneuriaux comme aux servitudes populaires jusqu'alors accordées[20].

En 1844, une loi ajoute un cadre réglementaire plus strict. Le Code civil indique alors que "Nul n'a la faculté de chasser sur la propriété d'autrui sans le consentement du propriétaire ou de ses ayants droit[21]". Des dispositions qui n'ont fait qu'évoluer : il est aujourd'hui possible de chasser sur tout terrain, non enclos, dès lors qu'il se trouve à plus de 150 mètres d'une habitation. En cette même année 1844, un permis est par ailleurs instauré afin de mieux sauvegarder le gibier. Mais, là encore, des nuances sont apportées à ce règlement. On a pu noter que jusqu'en 1968 le "droit d'affût" autorisait les paysans victimes de dégâts à tirer les "bêtes fauves" concernées, sans qu'il ne soit utile de justifier d'un permis quelconque pour défendre ses cultures. On le voit, les contradictions sont monnaie courante dans la généalogie du "droit à chasser" : la propriété est tout, puis se trouve remise en cause ; le propriétaire est seul maître, avant qu'on ne vienne lui contester ce droit au nom de la gestion du gibier.

C'est de cette législation, largement remodelée au XXe siècle, que l'on hérite aujourd'hui. Une chasse rationalisée et gestionnaire a succédé à la chasse-cueillette considérée comme une pratique plus ou moins anarchique et serait en passe de devenir une chasse écologiquement responsable ou adaptative en certains lieux sans que cela ne satisfasse la majorité des pratiquants[22]. Une ethnologue confirme et résume ainsi le malaise : "[…] un malentendu relatif à la nature de la gestion cynégétique persiste. Celui-ci repose notamment sur l'incompatibilité entre ce que les chasseurs conçoivent comme l'essence de la chasse et les attentes de l'administration à leur égard[23]." Nous y reviendrons.

On le voit, si des évolutions sont discernables dans la réglementation, peu d'espaces, en définitive, échappent à l'emprise cynégétique. L'extension du domaine de la chasse a toujours eu pour mobile, dans l'Ancien Régime comme depuis son abolition, la conservation du gibier. Toutefois, les justifications ont évolué. Si l'on avançait, voici deux cents ans, qu'il fallait protéger les bêtes des braconniers, on argue désormais qu'il convient de défendre les animaux d'eux-mêmes – et bien peu sont les espaces qui échappent à cette volonté gestionnaire. À rebours des fantasmes de mise sous cloche progressive de l'espace rural, l'essentiel du territoire français est exploité et transformé par les humains, y compris les espaces protégés[24]. Le monde cynégétique use habilement de la croyance en une propriété exclusive et absolue dès lors qu'il est contesté ; pourtant, cette forme de propriété, comme une juriste l'a démontré, n'est en rien la règle dans ce pays[25].

Pour compléter le tableau, il convient de revenir sur des dispositions particulières de l'organisation géographique de la chasse en France. En certains départements, les territoires de chasse et les équipes qui les pratiquent se trouvent associés à la structure d'une commune, dans le cadre d'une association communale de chasse agréée (ACCA). Cette mesure trouve son origine dans la volonté d'ouvrir le droit de chasse à tout habitant d'une commune donnée, dès lors que ce dernier peut s'acquitter du prix de sa carte annuelle de membre de l'association. Dans le cadre de cette réglementation, l'ensemble du territoire communal est sujet à la chasse. Depuis l'an 2000 néanmoins, les propriétaires de parcelles (quelle qu'en soit la superficie) s'opposant à la pratique de la chasse peuvent, à leur demande, soustraire leur bien à la pratique cynégétique selon des modalités spécifiques. Cela ne les exonère pas pour autant de leur responsabilité pour les dégâts éventuellement occasionnés par du gibier provenant de leur bien-fonds.

Enfin, certaines propriétés d'un seul tenant de 20 ou 100 hectares en zone de montagne ou davantage selon les départements ne sont pas intégrées aux ACCA et sont louées au plus offrant. C'est le cas, par exemple, des baux de chasse se trouvant sur les forêts domaniales, propriétés de l'État gérées par l'Office national des forêts (ONF) et ce, quel que soit le régime appliqué dans le département concerné. Source de revenus pour un gestionnaire par ailleurs sous tensions économiques et sociales[26], l'octroi de la location se fait indépendamment des équipes de chasse locales : ce sont ceux qui sont en capacité de payer qui sont en droit de chasser. On voit ainsi que les chasseurs ne sauraient être considérés comme un collectif homogène – les disparités et les tensions sont nombreuses au sein du monde cynégétique entre ses membres.

La concurrence s'établit également dans les départements où l'association communale n'est pas imposée. Là, tout terrain loué par un propriétaire privé à une société de chasse est approprié et géré par cette même société ; elle se chargera, alors, d'organiser la pratique sur le territoire constitué. Ce régime d'appropriation échappe plus qu'un autre à la régulation publique de la pratique. En effet, en ces lieux, plus le tableau de chasse est élevé, plus le prestige croît – et, incidemment, croissent aussi les frais de participation dont doivent s'acquitter les "actionnaires" ou "invités"[27]. L'équation est simple : pour que les participants aient une chance de tirer une ou plusieurs bêtes, il faut que la parcelle regorge d'animaux. Il s'agit, donc, de les faire venir et de les y maintenir. Ce type de chasses, commerciales, peut difficilement se passer du sanglier et contribue à altérer l'évolution des populations de suidés. Ces dernières, en effet, s'adaptent à une forte pression et font dès lors figure d'aubaine pour les locataires à la recherche de rendement. Si les conditions du milieu sont acceptables, si les sangliers y répondent favorablement, ils se multiplient très vite, pour le plus grand plaisir des gestionnaires de chasse en quête de rentabilité financière ou de prestige. Et ces derniers ne sont pas avares d'appâts pour conserver leur manne : les moyens sont légion pour attirer les animaux sur un territoire donné et en conserver l'accès exclusif. Plus largement, cela nous renvoie à une pratique décriée tant par les naturalistes et les écologistes que les agriculteurs, voire certains chasseurs : l'élevage et le nourrissage des sangliers à des fins cynégétiques.

De la couche, en forêt, jusqu'à l'orée de celle-ci, la distance est de peu. Là, le jour perce mieux que sous les arbres et les soies de l'hiver s'y réchauffent. Soies compactes, bourre épaisse – une tenue des plus denses. Les yeux se plissent car le soleil les irrite. L'herbe est silencieuse sous les pas. L'appétit et la clairière s'ouvrent en même temps. Une odeur, puis une autre, puis bien plus si l'on tend le groin contre le vent.

La clairière et l'appétit. On sait le goût des bulbes et l'on sait que sous le sol se trouve celui, double, d'une fleur en grappe rose qui monte haut lorsqu'elle éclôt – "Barlie de Robert" l'a baptisée un homme au nom trop long, en l'honneur d'un bon ami. Une simple orchidée. On en sait le goût, alors retourner la terre pour l'atteindre. Mais la terre est une caillasse dure et sèche plutôt que le frais humus et le boutoir trouve vite obstacle. Renoncer d'un coup de tête et reprendre la coulée. Groin à ras de sol, pas pressés sur le sentier. L'appétit. Prendre la piste sans dévier jusqu'aux vieux ceps, jusqu'aux pieds de vigne pelés et fort noueux, ne déviant que sur les palissages dûment alignés. S'arrêter de façon nette alors car dans la bourre se fichent ronces et barbelés, friselis de fer montés là pour tourmenter les peaux. S'en déprendre. Reculer. Puis former sa propre sente, parallèle à la barrière tout de métal, de plastique et de bois.

Groin à ras de sol et le sol comme surmonté de plantes. Blanche ombrelle dans le vent et, à l'opposé des fleurs, dans la terre, de tendres carottes ; feuilles friables, tiges fines, ce sont des asperges qui affleurent. Sur les herbes, aussi, un insecte de livrée noir et rouge. L'ingérer avec tout ce vert sans même y songer. Les bêtes trop menues laissent peu souvent songeur : on les gobe, voilà tout.

Se porter vers les vignes de nouveau. Autour pas un fil, pas une barrière, seulement des fleurs de fenouil et entre les rangs des poireaux à la mine sauvageonne – le groin fleure l'anis, les feuilles longues entrent dans la gueule et, à leur suite, ces fleurs de belle taille qui déjà deviennent rondes et bientôt essaimeront. Dans la gueule de l'animal finit parfois ce qui vit dessus les tiges : des bêtes à cornes aux coquilles striées de noir et rose et leur chair de marais. Tandis que cela craque et fait des débris de coques sur la langue, les pas sont plus courts. Sous les ongles, la pente s'élève.

La pluie a lavé le versant. Le soleil l'a séché. Graviers, sable, gravats, galets. Ici pousse le rêche, le rugueux, le coriace : chêne kermès qui ne se consomme pas ; thym dont l'odeur recouvre celle des autres plantes ; ciste dont l'allure paraît d'autant plus douce que l'entour est aride. Et, depuis peu, une chose nouvelle qui se plie sous le poids de l'animal, plante haute secouée de fleurs qu'on dit bâton blanc ou bien asphodèle. Celle-là dans la gueule comme toutes. Puis la bête de poursuivre l'ascension tout en ingérant les végétaux qui se trouvent sur son passage.

Prendre la coulée sur le flanc de la colline, coulée qui sinue entre les chênes puis rétrécit. Tenir le galop tandis que la lumière s'affadit et devient terne. Tenir le galop et ne pas entendre ce qui, pourtant, s'avance non loin ; tenir le galop et ne pas saisir qu'en ce lieu les arbres sont différents. Il y a le pistachier et ses branches courtes au bout desquelles se tiennent de frêles feuilles vertes, celles-ci au nombre de huit. Il y a le nerprun, ou plutôt une collection de fleurs sur lesquelles battent autant d'ailes éphémères que sur le sol des pas.

Car soudain des pas, un souffle, des voix.

Poursuivre ou s'arrêter. Se jeter à l'écart du chemin ou bien y rester. Se jeter, oui, et sur la droite s'offre le couvert d'un arbuste. Un genêt, dit-on. Depuis ce lieu, suivre du regard des êtres qui rebondissent sur la terre, un pas après l'autre, le corps tout de gris car l'animal ne voit pas ce que les humains croient le plus visible – rose, orange ou vert fluo. Des êtres haut perchés s'avancent à grand bruit et ne prennent garde aux sons qui sont pourtant comme une enveloppe autour de leurs grands corps. L'attention n'est pas là : il s'agit de maintenir le souffle égal d'une foulée à l'autre. Des êtres haut perchés qui passent et ne se retournent pas.

Repartir. Reprendre la piste et imprimer au cœur le rythme de la course. Le cœur doit se retenir pour refroidir le corps sous les soies. Pour cela, adopter un pas non trop rapide. Devant, un sentier s'ajoute au premier – une ravine encore pleine d'eau – et l'on s'y secoue pour se rafraîchir, on y plonge la langue, on appose ses traces dans la marne tendre à coups d'ongle, d'urine ou de fèces. Puis, une ravine encore, mais celle-ci exsangue et comme inerte, lassée de ses eaux. Le soleil perce plus sous les épines que sous les feuilles, une lumière morte de fin de jour atteint la bête. Sous les pas, dans le lit ancien, l'humide a cédé au sable et à l'argile sèche. Pardessus, les épines se sont déposées comme une bourre, un pelage, des fourrures. La ravine est dominée par des arbres au nom trompeur, nom qui dit Alep mais dont les cimes se voient pourtant ailleurs et jusque loin de la ville. Les branches essaiment des fruits ronds comme des insectes, mais ceux-là pas dans la gueule, non, car les cônes sont rêches, rugueux, coriaces – impropres.

Une ombre sur la bête : la colline est escarpée et une franche paroi domine le sentier. Sur le bas-côté a poussé un tas de pierres plates, comme un signe ou une empreinte, pour dire le passage. C'est un point d'altitude, le plus haut peut-être des environs. Le franchir implique une descente et les arbres changent de nouveau. Les derniers glands fouillés dans le sol sont dans la gueule sans attendre. Puis, quelques pas encore, et c'est un espace plan.

Et sur cette plaine, la nuit.

Avec elle l'humide gagne tout, tombe sur les herbes et tombe sur la bête. Dans la terre, un monde de petits êtres s'anime, petits êtres parmi lesquels certains se goûtent. Ils sont pour ainsi dire faits de terre et non loin en profondeur. Ils sont attirés là par les pluies de la veille. Et les longs corps annelés en nombre dans la bouche. Mâcher la boue de chair, la sentir avant qu'elle n'entre, mais la voir nullement car la nuit partout autour. La nuit jusque dans la terre, terre sombre, terre noire, elle aussi. D'un lombric à l'autre, parcourir la prairie en son entier. Puis atteindre un champ où des blés verts se tiennent haut, plus haut déjà que l'animal. Là, racler le sol quelque peu, comme s'il s'agissait d'un principe. Bien vite, s'arrêter. S'affaisser. Faire place au sommeil tandis que la nuit pâlit et se tend vers le jour.

Le repos n'est pas complet. Il faut se tenir aux aguets, et ce à chaque instant. C'est du moins ce qu'un homme a écrit à propos des animaux – des êtres en alerte et sur leurs gardes continuellement. C'est pourquoi l'oreille se dresse et, après elle, tout le corps, lorsque le vacarme se fait entendre. Il s'agit, d'abord, d'un roulement lointain. Puis le roulement s'approche, ce roulement qui paraît comme altéré par le terrain : c'est un véhicule qui s'en vient et les cahots du lieu s'ajoutent à ceux du moteur. On entend un ténu bavardage fait de relances et d'arrêts. Mais la machine inquiète peu la bête. Baisser les écoutes, réduire l'attention. En veille jusqu'au tumulte.

Le tumulte alors. La machine s'est faite plus pressante dans ses bruits et plus proches de la bête sont les brins qui frémissent sous ses roues. Alors réagir et, pourquoi pas, devenir un bloc, une masse, un rocher dans un champ, une souche qu'on aurait peine à déloger et attendre sereinement que la fracassante chose fasse cercle, que la fracassante chose s'éloigne peu à peu, que la fracassante chose laisse enfin la plaine au repos. Un bloc, une masse, et silence.

Le silence sinon cet oiseau qui agite frénétiquement les ailes, le silence sinon son chant qui grésille dans le ciel – grésillement incessant de l'alouette. Puis, par-dessus, un froissement. Avec lui, une odeur poignante qui s'avance, poignante, dit-on, car la poitrine est prise bel et bien. De grandes foulées lentes. Des brins qui se couchent différemment, non plus en cercle, mais en droite ligne, ligne droite vers la bête. Alors se soulever. Reprendre la course. Seulement courir et faire place nette en ce lieu qui n'est plus une couche sûre mais un isolat menacé. Un être menaçant ou, du moins, jugé tel, le parcourt. C'est un être haut perché, tissu bleu sur le dos, sur les jambes, sur le corps entier et avec lui cette odeur forte en buée, en fumée, en halo, odeur rendue plus forte lorsqu'il exhale. Se porter au plus loin de cette bête-là.

Le champ et la bête laissés en arrière. Devant, des arbres pour abris, puis des buissons que l'on sait accueillants. Des épines sur les branches mais la bourre est trop dense et, en dessous, la peau bien trop épaisse. Les branches font vêtement, couronne et litière à l'animal qui reste en ce lieu le jour durant.

CHAPITRE 3

NOURRIR D'UNE MAIN ET RÉGULER DE L'AUTRE : DES FINS CONTRADICTOIRES

Si les détracteurs de la chasse sont nombreux – selon des sondages en date de 2021, plus de la moitié des Français et Françaises se diraient opposés à sa pratique[1] –, plus nombreux encore sont celles et ceux qui en critiquent certaines méthodes utilisées, parmi lesquelles l'approvisionnement en eau et en nourriture des animaux sauvages. Que l'on supplée à l'alimentation de libres bêtes, cela en étonne plus d'un*. Avant d'examiner cette anomalie, détaillons les choix alimentaires du sanglier.

Sans intervention humaine, ce dernier a une alimentation aussi diversifiée que variable selon les contextes géographiques et les ressources disponibles. On l'a dit omnivore opportuniste – précisons. S'il consomme des insectes et des vers[2], ce sont des racines, des fruits et des tiges, des céréales, des graminées ou des champignons qui constituent principalement son alimentation au fil des saisons[3]. Durant l'hiver, les fruits forestiers – châtaignes, faines et glands – sont très recherchés, jusqu'à constituer l'essentiel de son alimentation, et contribuent significativement à dynamiser sa reproduction et sa démographie[4]. Bien que la fertilité des laies soit aussi très variable selon les territoires – le poids des animaux n'est pas toujours associé à une fertilité plus précoce –, les femelles savent adapter leur effort de reproduction en fonction de la disponibilité des ressources. Elles peuvent entrer en gestation dès les premières glandées lorsque celles-ci sont très fortes et les saillies peuvent survenir plus précocement dans la saison. Si la fructification est importante, plus des deux tiers des laies tuées à la chasse peuvent être cyclées ou gestantes ; à l'inverse, lors d'une mauvaise année, un quart de celles-ci le sont[5]. La manière dont

* Ce qui est vrai aussi pour les oiseaux sauvages, objets pourtant d'un important commerce en artifices destinés à les nourrir, les abreuver et les faire nicher dans nos jardins pour mieux les observer et les connaître.

ces études sont conduites indique que, “sans intervention humaine”, il n’y a ni estomacs analysés pour en déterminer la composition, ni animaux équipés de collier GPS pour suivre les mouvements dans un territoire donné. “Sans intervention humaine”, les sangliers réagiraient sans doute bien différemment de ce que l’on connaît. Mais, à l’évidence, on n’en saura jamais rien – aussi faut-il nous attarder sur les ressorts de cet interventionnisme.

Heurs et malheurs de l’agrainage

Céréales, maïs, brisures de riz, légumes, pommes de terre, pain, melons, fruits “hors calibres”, denrées alimentaires périmées ou invendues sont déversés dans la campagne en plus ou moins grande quantité, et ne cessent d’étonner vététistes, promeneurs et promeneuses, cueilleurs et cueilleuses. Suivre une sente un peu plus marquée qu’une autre peut conduire jusqu’à de curieux dispositifs : prenons-en une sur le versant forestier d’un massif calcaire de moyenne montagne et voyons quelle en est l’issue.

Il convient de s’imaginer une après-midi de mars, à quelque 1 000 mètres d’altitude. La forêt est dense en raison d’une exploitation rendue difficile par le relief, et principalement constituée de sapins pectinés *(Abies alba)*, d’épicéas *(Picea abies)* et de hêtres *(Fagus sylvatica)*. Les chemins habituellement utilisés sont, ce jour-là, recouverts d’une neige épaisse ; les trajets usuels s’en voient modifiés. Tandis que le chien qui nous précède s’engage plus avant, des empreintes attirent le regard, sur la gauche : canidés, suidés et humains ont mêlé leurs pas sur un même sentier, celui-là prenant la pente vers les hauteurs. On le suit et soudain les marques se multiplient à la base des arbres, les traces se font plus nombreuses et plus confuses. Devant nous se dévoile un aménagement savamment élaboré : les branches basses ont été enlevées pour faciliter la venue des animaux ; entre deux arbres, une plate-forme a été installée et, sur celle-ci, des bidons qu'on devine contenir des denrées sont posés ; à une hauteur moindre, à peine en retrait, se trouve un piège photographique afin de témoigner, sûrement, de la venue des bêtes – bêtes parmi lesquelles, ce jour-ci, nous comptons[6].

On peut aussi se rappeler un jour de décembre, au cœur du delta du Rhône. L'un de nous vient d'échanger longuement avec le propriétaire d'un grand domaine camarguais – agriculteur et chasseur – sur des sujets aussi divers que la riziculture, la chasse aux canards, ou encore la contribution des tableaux de sangliers à la réputation des grandes chasses privées. Sous l'œil d'un chamois dont la tête empaillée nous surplombe, il évoque soudain son conflit avec la fédération départementale quant aux montants des indemnités auxquelles il prétend, pour quelques hectares de riz saccagés par la bête noire. Courtois bien que distant, le septuagénaire accompagne ses explications de gestes larges au-dessus d'une monumentale table en bois. Il enchaîne par une explication très informée sur le tir à la carabine*. Puis, l'homme se lève et propose de poursuivre la discussion dans le maset qui borde les marais et qui lui sert, ainsi qu'à son fils, ses amis et ses invités, de rendez-vous de chasse. Tandis que la lumière devient mate, nous cheminons à

* Beaucoup d'observateurs et de chasseurs soulignent que si le plus souvent les chasseurs possèdent un fusil, de calibre 12, pour tirer le gibier à plume (perdrix, faisans, bécasses, gibiers d'eau) comme à poil (lièvre, chevreuil ou sanglier), depuis une trentaine d'années les amateurs de grand gibier possèdent souvent aussi une sinon plusieurs carabines permettant de tirer trois coups d'affilée sans avoir à recharger. La portée pratique de tir, de quelques centaines de mètres, et les munitions expansives permettent d'obtenir une létalité très élevée qui change grandement les conditions de chasse et de sécurité.

bord d'un pick-up à travers les rizières en chaumes sur un étroit chemin – carrossable, dit-on. À mesure que l'on avance, l'hôte, désormais chauffeur, se fait plus grave. Bientôt, il arrête le véhicule. Les phares, eux, continuent d'éclairer la nuit. Il demande, autoritaire, à ce que l'on descende et attende près de la calandre. On s'exécute. Sa silhouette se fond dans le noir, parmi des roseaux secs marqués par le froid. Pardessus ce tintement typique qu'est le chant des sarcelles d'hiver *(Anas crecca)* – à l'évidence les oiseaux ne sont pas loin et plutôt nombreux –, on entend des clés qui s'entrechoquent. Une lanterne éclaire alors un mur laiteux puis l'entrée du lieu. La porte claque et découvre l'homme, en bottes, qui revient, un seau en plastique noir à la main. Il s'arrête, nous demande d'un geste de rester silencieux. Il remue le seau régulièrement. Les grains de maïs frappent les parois. Après quelques minutes, un sourire aux dents vieillies le saisit : à quelques mètres de lui, une grosse laie sort du fossé qui nous sépare du palus. L'homme épand alors du grain à pleines poignées sur le sol humide. Une, puis une autre, puis une dizaine de bêtes rousses et noires, petites et grandes, surgissent et viennent ripailler à une dizaine de mètres de nous. Il se retourne, visiblement heureux de son effet, et conclut : "Moi aussi je prends soin des animaux sauvages" – avant de rire aux éclats[7].

Voici pour deux exemples – une collection pourrait aisément être constituée. L'agrainage est une action aussi répandue géographiquement que régulière sur une saison. Pourtant, de nouveau, la loi semble claire à son encontre : "Le nourrissage en vue de concentrer des sangliers sur un territoire est interdit. Le schéma départemental de gestion cynégétique peut autoriser des opérations d'agrainage dissuasives en fonction des particularités locales[8]" – il ne s'agirait que de *dissuader* les animaux, de leur signaler, par un apport externe de nourriture, un autre chemin que celui qu'ils souhaitent prendre. Pourrait-on en conclure, un peu hâtivement ou ironiquement, à une forme de diplomatie à leur égard[9] ? Une diplomatie dont le dénouement est létal, en ce cas, et bien calculé. L'argument le plus fréquemment avancé lors de nos enquêtes dans le Massif central, les Alpes du Nord, la garrigue gardoise ou la Camargue est d'attirer et de fixer les sangliers dans un territoire pour mieux les chasser – et, ce faisant, de les éloigner des cultures pour réduire, voire éviter, les dégâts agricoles.

Toutefois, loin de ne répondre qu'à ce dernier objectif, on peut distinguer trois formes d'agrainage selon les raisons de leur mise en œuvre. Chaque fois, il s'agit d'attirer des sangliers sur un territoire donné, en répandant du grain en un ou plusieurs points de celui-ci. Néanmoins, la justification varie.

La première forme, dite "dissuasive", cherche à éviter les dommages agricoles en tentant de tenir les animaux à l'écart des cultures*. C'est la raison la plus régulièrement invoquée pour légitimer les investissements en grain et en matériel. S'il ne semble pas y avoir de consensus sur son utilité, elle reste préconisée dans certaines publications scientifiques et techniques afin de réduire les dégâts en un lieu donné[10]. La deuxième forme, dite "hivernale", est très pratiquée dans le Nord-Est de la France et en montagne, ainsi qu'en Europe du Nord et de l'Est. Il s'agit de fournir des ressources alimentaires complémentaires à celles disponibles naturellement dans les milieux fréquentés par les animaux pour faciliter leur survie durant l'hiver. La troisième forme, dite "d'appât", a pour objectif de fixer une population donnée de sangliers sur un territoire de chasse afin de

* Nombre d'observateurs trouvent la situation plutôt ironique : utiliser des produits agricoles pour écarter les sangliers des zones agricoles.

conserver un effectif stable à chasser. C'est plus précisément cette pratique qui est dénoncée.

Bien que l'agrainage, comme nous l'avons vu, soit encadré par la loi et seulement autorisé sous certaines conditions, établies au niveau départemental sous l'autorité du préfet, il reste, dans les faits, une technique très répandue et étonnamment mal documentée. Le degré de tolérance est localement très fort, ce qui, de l'avis de tous les observateurs, légitime des apports excessifs qui ne peuvent que contribuer à l'augmentation des populations de sangliers.

Prenons l'un des départements dans lesquels nous avons mené une étude plus précise. Le SDGC de ce dernier indique qu'en plus d'autoriser un agrainage dissuasif "pendant les périodes de sensibilité des cultures", "toute autre forme d'agrainage, sous réserve d'un accord local entre les parties" peut être validée[11]. Dans les communes qui nous sont familières, cela pouvait se traduire de diverses manières. Si pour une première, au contact d'une aire protégée, l'investissement en grain était assez faible de la part de l'association locale et a été stoppé pour des raisons budgétaires depuis quelques années, dans une autre, un pratiquant était connu du plus grand nombre pour les immenses tas de grains qui s'élevaient non loin de son habitation, attirant d'innombrables sangliers parmi d'autres animaux.

Par ailleurs, les différentes formes d'agrainage évoquées ne sont pas si aisées à distinguer dans les faits. Il n'est pas rare que l'agrainage dissuasif s'attarde jusque tard dans l'année et devienne un agrainage hivernal autant qu'un agrainage d'appât durant la saison de chasse. Les contrôles par la police de l'environnement restent compliqués. Selon beaucoup de chasseurs, il est souvent difficile de distinguer un agrainage ponctuel, "raisonné et modéré", pour chasser plus facilement ou détourner des cultures les sangliers, d'un agrainage de nourrissage, d'autant que les textes réglementaires apparaissent peu stricts au niveau départemental*. Les opposants à cette pratique considèrent généralement que seule son interdiction totale permettrait de mesurer aisément l'infraction. Tandis que certains constateraient que l'agrainage facilite l'accroissement des populations, ces dernières étant plus susceptibles, dès lors, de produire des dégâts aux cultures, d'autres le considèrent comme souvent efficace s'il est réalisé en fonction des périodes de sensibilité des cultures[12] et pensent que son arrêt pourrait se traduire par une augmentation sensible des dégâts aux cultures les premières années. Une expérimentation menée dans les Vosges a pu, dans cette région, le confirmer[13].

L'efficacité de l'agrainage pour lutter contre les dégâts agricoles reste largement discutée et dépendante des conditions climatiques ou saisonnières. En effet, les vers de terre qui remontent lors des pluies automnales ou printanières dans les prairies, les maïs en lait** et les céréales fraîches des cultures sur pied resteraient plus attractifs que les grains secs utilisés en agrainage. En augmentant la prise de poids des femelles et en compensant de faibles fructifications forestières, cette pratique accélérerait aussi leur maturité sexuelle et augmenterait leur fécondité, soit le nombre de marcassins par portée – une idée communément admise dont il convient de détailler les dimensions.

---

* Outre l'agrainage, on parle moins de l'utilisation croissante de goudron de Norvège, voire de l'huile de vidange, dont la forte odeur attire même sur de longues distances sangliers, cerfs et chevreuils. Le goudron permettrait également de faciliter l'élimination de parasites. Enfin, l'implantation de cultures destinées aux sangliers existe aussi. En Camargue, certaines sociétés de chasse ont pu par le passé cultiver du maïs au bord du Rhône pour le sanglier.

** Cela dépend des régions et des années mais généralement en août, le maïs est "en lait", c'est-à-dire au stade où le grain se forme. Si l'on perce l'un des grains à ce degré de maturité, un liquide laiteux s'en extrait.

Un rythme de vie accéléré

Les sangliers seraient prolifiques, car leur capacité à se reproduire ne cesserait de s'accroître. En cause, notamment : leur nourrissage, ainsi qu'une pression de chasse accrue et des changements environnementaux. Si le sanglier est une espèce longévive, dont le rythme de vie correspond, sans perturbation, à une dizaine d'années, son potentiel reproducteur est, il est vrai, très élevé[14]. En milieu naturel, le sanglier se reproduit dès sa première année, à la différence des autres ongulés de même taille pour qui il faut attendre deux ans. De même, la *survie** change peu en fonction de l'âge des individus et la taille des portées atteint en moyenne cinq marcassins, contre un à deux faons, par exemple, pour des ongulés de taille semblable, comme le cerf ou le chevreuil. Mais qu'est-ce qu'une "situation normale" pour une espèce donnée, *a fortiori* quand celle-ci est chassée et sensible aux évolutions subies par la structure paysagère ?

Considérons le sanglier dans son contexte, soit sujet à une forte pression de chasse. Confrontés à cette dernière, certains ongulés, comme le chevreuil, voient le taux de croissance de leur population diminuer. Le taux de survie des animaux de moins de deux ans dépend fortement de la chasse, et leur déclin réduit le recrutement – c'est-à-dire l'abondance d'individus atteignant une classe d'âge – qui n'est aucunement compensé par une reproduction plus élevée ou plus précoce[15]. Dans le cas du sanglier, il n'en est rien. Des travaux conduits sur deux populations, l'une chassée, l'autre non, l'attestent[16]. Pour la première, en effet, on observe une augmentation de la mortalité, mais la reproduction se

---

* En dynamique des populations, on recense pour chaque âge le nombre d'individus vivants dans une population et on calcule le taux de survie (ou de mortalité) de la cohorte (le groupe d'individus du même âge) d'une tranche d'âge à une autre.

fait plus précoce, et la démographie est dominée par les jeunes femelles – les capacités reproductives de l'espèce, localement, s'accroissent.

En d'autres termes, il en serait des sangliers comme des mésanges*. L'affirmation a de quoi étonner ! Tandis que la stratégie reproductive de l'espèce correspond usuellement à celle d'un animal à vie longue (qu'on appelle en écologie "stratégie K"), avec toutefois un fort potentiel reproducteur, la forte pression cynégétique la conduit à épouser une tactique en phase avec une faible espérance de vie – nommée "stratégie r[17]". La durée de génération, soit l'âge moyen des mères au moment des naissances, s'abaisse à deux années et les portées augmentent en taille[18]. Deux années, c'est bien l'espérance de vie d'une mésange ; c'est, aussi, l'espérance de vie moyenne d'un sanglier sur un territoire où la chasse est autorisée – c'est-à-dire dans l'immense majorité du pays. Si l'adaptation correspond donc à la pression exercée, seule sa rapidité peut surprendre.

*

Récapitulons : accélération du rythme de vie des femelles en réponse à la pression cynégétique ; évolution de la taille et de la composition des portées ; accès facilité à la ressource alimentaire mais aussi à l'eau par la création d'abreuvoirs ; sélection qui persiste dans les individus chassés en faveur des reproducteurs – malgré ce que dit la loi, autant de facteurs qui rendent difficile, voire impossible, la "gestion" de ces animaux par des chasseurs dont les effectifs diminuent. Les aménagements cynégétiques favorisent pour certains des populations qui, par ailleurs, savent s'adapter aux tentatives sans cesse

---

* C'est ce que peuvent conclure, avec force images, des biologistes modélisateurs. Notamment Olivier Gimenez (CNRS Montpellier), Jean-Michel Gaillard et Marlène Gamelon (université de Lyon) ou encore Éric Baubet (OFB).

renouvelées de les contrôler. La dynamique des populations de sangliers illustre parfaitement l'un des traits que l'agronome Léna Balaud et le philosophe Antoine Chopot ont mis en avant pour définir notre ère. Ce que d'aucuns nomment Anthropocène "est caractérisé par la prolifération de nouvelles formes d'insubordination de masse[19]", dont de nombreuses sont à observer chez les animaux. Pourtant, on s'échine à réduire les populations de sangliers dans les zones sujettes à des dégâts agricoles, on multiplie les battues, on étend les territoires de chasse. Pour cela, les règlements des zones protégées sont modifiés ; à défaut, fédérations départementales ou sociétés locales entrent en conflit avec les gestionnaires de ces espaces, voire les invitent au palais de justice pour qu'ils participent au financement des indemnités.

Plus qu'un animal cynégétique, par essence une espèce gibier, le sanglier aurait été sujet à une "appropriation cynégétique" ou "cynégétisé", pour reprendre les mots de l'archéozoologue Jean-Denis Vigne[20]. C'est-à-dire que notre appréhension de l'animal aurait été construite, au cours du temps, par la pratique de la chasse et pour la pérennité de cette dernière. Avant de se pencher sur les conséquences de ce processus pour l'époque contemporaine, il convient de revenir quelques milliers d'années en arrière, là où le sanglier sauvage et le porc domestique se séparent, là où *Sus scrofa* et *Sus domesticus* se distinguent.

La nuit. Une piste demeure inconnue encore, imprégnée seulement des repasses d'un mammifère dodu, noir et blanc. Un blaireau. Que la curiosité irrite et anime une bête, c'est certain. Alors à ses trousses. Prendre cette coulée qui n'est pas sienne pour la rendre telle ensuite. Groin au sol évidemment, entravé par les rejets et les racines de chênes verts faisant une manière de talus sur les bords de la sente, des sortes de reliefs sur un chemin plat, une façon de chicane dans la coulée raide. Tandis que l'animal descend, un son lancinant jusqu'alors – *coucou* – ne s'entend soudain plus et un autre, qu'on aurait peine à transcrire, s'élève pour le remplacer. Un chant incurvé, un sifflement unique que l'on module et qui creuse, dans la nuit, une étrange cuvette. Puis un autre, à peu de distance, fait de même. Et cela qui se répète et qui ricoche ! Ce sont deux hiboux fort minces, deux frêles petits ducs qui simplement échangent. Puis le son s'atténue, est recouvert par une odeur. Une odeur collante et noire qui sitôt empuantit le lieu. Parfois les odeurs fortes attirent. Se porter vers ce que l'on sent et ainsi atteindre les pierres et les cistes poussant seuls dessus. Par là, percevoir ce qui fait parfum dans l'air. Le parfum est une route. Un long, chaud et large ruban bleu.

Une borne blanche se dresse en guise de barrière. S'y frotter. Déposer dessus un peu de soi et renifler ce qui entoure. Il y a une route et le parfum que l'on a dit ; mais il y a un parfum autre, puissant plus encore. Ce parfum est connu, c'est celui d'une chair morte – mais s'en détourner car l'odeur est entrecoupée d'une lueur, d'une lumière, d'un phare qui s'avance et passe. Rien d'autre que le bruit qui s'en va et la peur qui le suit.

Se reprendre et reculer. Reculer, approcher de ce qui sent en retrait de la route, tandis que les pattes dans la fuite s'entremêlent. Une chose dure, étrange, familière cependant. La toucher du groin – un dégoût dans tout le corps. Sous le groin, groin qui fouille et reconnaît, une peau comme cuir ou bien cuirasse, une crinière noire, une vrille et, au bout de celle-ci, un toupet, comme on le nomme. Et partout des os que le soleil a rendus blancs et que la lune éclaire pareillement qu'au milieu du jour. Forme de mandibules. Forme de défenses et de grès.

Forme d'une bête heurtée, depuis longtemps desséchée. Un cadavre, une carne. Un semblable.

Et reculer encore, avoir la course panique jusqu'au plus loin de ce corps. Une coulée et dedans les plantes qui grimpent et celles qui piquent, salsepareille qui retient tout un monde, fragon et, encore, jeunes chênes verts. Un lit de rivière comme un sentier – galets ronds, pierres planes – puis un renfoncement dans le sol et l'humide au fond de celui-ci. Dans celui-ci se vautrer. Un flanc et puis l'autre dans la glaise, une souille comme un lac, une mare, une flaque rendue moindre à mesure qu'on s'y trempe. Rouler et se relever, reprendre le lit, le fossé et poursuivre la marche.

Les herbes dures dans la gueule au passage, celles qui poussent en tas et font pointe à leur extrémité, celles dont le bout secoue un sac de graines sèches. Dans la gueule les unes et dans la gueule les autres tandis que s'évase le fossé, celui-là non plus lit de pierre, mais dalle de béton. Les ongles tapent fort sur le sol. Béton tout autour aussi. Des ombres animales dessus et celles de ces arbres maigres qui poussent là où rien ne se cultive, petites ombres, ombres immenses, plus aucune, puis cela dans le même ordre de nouveau. C'est à cause des lueurs. Elles transforment les choses. Un talus ensuite, une route où la pierre dispute le bitume et une rue enfin. Les lueurs immobiles et comme pendues dans le ciel, non plus celles qui effraient, s'avancent puis disparaissent. Cris de bêtes au loin. Des chiens qui aboient.

Des aboiements et une odeur qui indique un sentier.

Le suivre entre deux murs sales, le suivre et descendre le fossé, la ruelle, la coulée, jusqu'à ce que le groin bute contre le bois fragile et les choses contenues dedans. Il y a des fruits pourrissants et, aussitôt, les fruits dans la gueule. Il y a des feuilles brunes et vertes et, aussitôt, les feuilles brunes et vertes dans la gueule, ainsi qu'une pâte de légumes pour les y rejoindre. Pitance et ripaille pour une jeune bête solitaire. Un endroit où revenir. Mais pour l'heure, s'en aller rejoindre une bauge. Remonter, quitter les lueurs et se barbouiller de nuit pour atteindre un dense bois de pins. Sur l'un d'eux, l'écorce s'est absentée à hauteur d'animal. On s'y frotte et la boue des soies se dépose en une croûte nouvelle sur le tronc. Avec la fange tombent les puces, les tiques et les poux ; alors frotter, frotter mieux pour les enlever du pelage. Et frotter le sol autant, le racler du plat de l'ongle, y pousser aiguilles et cônes secs, faire litière de cela. Creuser quelque peu, rabattre les herbes, les rendre horizon sur le sol. Se fondre dans les arbres pour trouver le repos.

CHAPITRE 4

DOMESTICATION ET “CYNÉGÉTISATION” D’UN ANIMAL SAUVAGE ET DE L’ESPACE RURAL

Antérieure aux chevaux de Chauvet ou aux aurochs de Lascaux, la plus vieille peinture rupestre connue représente un sanglier. Il s'agirait d'un individu de la sous-espèce *Sus celebensis*, le sanglier des Célèbes. Elle a été découverte en 2017 en Indonésie, sur l'île de Sulawesi ; elle daterait de plus de quarante-cinq mille ans[1]. Si à cette époque l'Europe et la France étaient déjà parcourues par de tels animaux, ces derniers n'en étaient pas originaires. Ils avaient pour lointain point de départ géographique l'Asie du Sud-Est.

Porcs et sangliers : histoires parallèles

Un million d'années auparavant, les sangliers ont en effet commencé à coloniser le continent. Leur présence a évidemment fluctué dans le temps et change encore selon les régions au gré des variations des conditions climatiques. Ils ont occupé d'abord le Sud de la France avant de progresser vers le nord après la dernière glaciation, il y a quelque dix mille ans. Là, comme en Italie et en Europe centrale, comme en Asie Mineure, en Chine et dans le Sud-Est du continent, comme, enfin, en Papouasie-Nouvelle-Guinée, la domestication n'a débuté que sept mille cinq cents ans avant notre ère[2]. Pendant plusieurs milliers d'années, le sanglier est à la fois une proie pour les humains de ces régions et une espèce vivant à leurs côtés, parfois sous leur protection quotidienne avant la mise à mort finale, dans le cadre d'élevages en libre divagation ou bien, comme en Chine, affouragés dans des enclos spécifiques*.

Tandis que les populations humaines se sédentarisent peu à peu et que l'agriculture se généralise, les sangliers

---

* Dans l'Antiquité grecque, porcs et sangliers sont très différents. Tandis que ces derniers appartiennent au monde sauvage et y font preuve de combativité, bénéficiant alors d'une image héroïque, les premiers restent confinés à l'espace domestique et voient leur image associée à la débauche[3].

asiatiques et européens évoluent vers une forme qui se fera appeler par la suite *porcus*, "porc domestique" en latin. Durant le Néolithique, ce dernier fréquente les alentours des premières fermes[4], puis les rues des villages et des villes. Il est pendant longtemps à la recherche des ordures et détritus abandonnés par les humains. L'élevage familial de quelques bêtes, recherchées pour leur prolificité – car alors, on la fête –, se fait souvent en plein air sur une grande partie de l'année. Pendant plusieurs siècles, les premiers porcs sont ainsi associés à la polyculture et à d'autres bétails[5]. Les hybridations avec les sangliers sauvages ont dû être fréquentes alors, sans que cela n'affecte durablement la génétique des uns et des autres, comme l'indique une récente étude conduite à Tchernobyl et Fukushima : là, des sangliers ont su tirer parti du retrait des humains dans les zones d'exclusion pour s'accoupler avec les porcs domestiques soudain libres[6]. Si une sélection s'est faite sur le temps long et que des caractères distincts ont émergé, ce sont les évolutions contemporaines qui ont accru la distinction entre *Sus domesticus* et *Sus scrofa*. Désormais, les premiers sont parqués sur des caillebotis dans des bâtiments fermés, tandis que les seconds sont exclusivement considérés en rapport aux problématiques qu'ils génèrent et au seul outil disponible pour les appréhender – la pratique cynégétique.

Du fait d'une chasse intensive, les sangliers sont pourtant rares au début du XXe siècle, et les populations très localisées[7]. Mais, après la Seconde Guerre mondiale, au moment même où l'élevage porcin se développe et se standardise, l'aire de répartition des sangliers s'étend de nouveau – il a même depuis colonisé de nouveaux territoires en Russie et dans le Nord de l'Europe. Si, on le voit, ces processus d'expansion et ces variations sont normaux, ceux qui nous occupent aujourd'hui se caractérisent une nouvelle fois par la rapidité avec laquelle ils interviennent. Surtout, la mention d'évolutions parallèles concernant les cochons domestiques doit nous rappeler une chose : qu'ils soient domestiqués ou qu'ils restent sauvages, les animaux font l'objet d'un contrôle de la part des sociétés humaines. Aussi délétères que soient leurs effets pour les infrastructures qui sont les nôtres, ces animaux ne font que réagir avec les moyens qui sont les leurs. Pour les sangliers, ceux-ci sont variés et terriblement efficaces : adaptation de l'alimentation, de la reproduction et du choix des habitats. Tels les pourceaux du troupeau d'Épicure, sangliers et cochons se plongent dans les plaisirs des sens, mangent et se fourrent partout, se multiplient – à moins qu'on ne les y incite. Si cette capacité d'adaptation propre à l'espèce peut expliquer l'expansion géographique des populations de sangliers et l'augmentation de ces mêmes populations dans toute l'Europe[8], il convient de se pencher, conjointement, sur les causes humaines de ces évolutions.

Chasse et révolution agronomique

Le développement de l'agriculture intensive et l'abandon des terres les plus ingrates ont, pour les sangliers, modifié favorablement les paysages dans la plupart des régions du continent, en leur fournissant de nouveaux abris et, surtout, d'abondantes ressources alimentaires. Omnivores et opportunistes, on le réitère, ces animaux ont su incroyablement en tirer parti, d'autant que le loup, leur principal prédateur naturel, a vu ses populations localement anéanties et son aire de répartition européenne considérablement réduite avant guerre. Aujourd'hui les populations françaises, espagnoles ou italiennes de ce canidé sauvage ne sont pas suffisantes pour avoir un impact significatif sur celles des sangliers[9].

Dans le même temps, nombre de chasseurs ont réintroduit sur leur territoire des animaux issus d'autres populations et d'autres régions, leur ont procuré refuge, soins et alimentation. Si la pratique est bien connue pour des espèces comme le faisan ou la perdrix, afin de compenser le brusque effondrement des populations dû à la généralisation des pesticides[10], les chasseurs se font moins bruyants à propos de ces translocations pour le cerf ou le sanglier. Concernant ce dernier, les efforts fournis à des fins cynégétiques ont rapidement payé.

Les élevages de sangliers en France étaient au nombre de 3 000 en 1970. On en dénombrait encore 700 en 2009[11], la plupart situés dans les régions Centre, Bourgogne, Auvergne et Limousin. La production annuelle était alors estimée à 28 500 sangliers, animaux destinés principalement aux lâchers dans des parcs de chasse ou plus modestement au marché de la viande de gibier. Le durcissement de la réglementation, l'obligation d'identification des animaux et la professionnalisation de ces élevages seraient à l'origine de la baisse de leurs effectifs.

Sur le même pas de temps, une gestion rationalisée du grand gibier s'est imposée sur les populations déjà installées, celles-ci devenant d'abord sujettes à des pratiques de chasse dites "conservatrices" : les individus à abattre sont choisis afin de préserver la "ressource" et de conserver une bonne dynamique de reproduction. Plus prosaïquement, il s'agit de limiter les tirs à l'égard des femelles en capacité de se reproduire et à l'encontre des mâles jugés bons reproducteurs. Il suffit de se plonger dans les numéros de l'époque d'une des revues phare de la presse cynégétique nationale, *Le Chasseur français*[12], pour saisir l'ampleur de la diffusion et de la vulgarisation de méthodes développées et promues alors par l'Office national de la chasse*

---

* Créé en 1972 à partir de la scission du Conseil supérieur de la chasse (créé quant à lui en 1941 et jusqu'alors organe d'élaboration des politiques de chasse de l'État) en un Conseil national de la chasse et de la faune sauvage et l'Office national de la chasse (ONC) chargé de la connaissance de la faune sauvage et de ses

afin de rendre un territoire de chasse giboyeux. On y retrouve, pêle-mêle, les modalités de sélection des animaux, les formes que peut prendre leur captivité, des indications sur le nourrissage et l'abreuvement ainsi que sur les moments adéquats pour effectuer des lâchers. Ajoutons à cela les moyens pour fixer une population sur un territoire ou encore le descriptif complet des plans de chasse à mettre en œuvre pour arriver aux fins recherchées. Tout a été étudié pour assurer avec succès l'arrivée du sanglier sur les tableaux des chasses communales et privées du pays. Une réussite nulle part démentie, d'autant que les conditions climatiques sont devenues plus clémentes. La multiplication d'hivers plus doux au cours des dernières décennies a réduit la mortalité naturelle en cette saison, un des seuls facteurs non anthropiques, avec les maladies et la prédation, limitant les populations[13]. Évidemment les différents éléments que nous venons de lister ont pu varier dans le temps et l'espace. Mais, comme une synthèse a pu le rappeler pour la Belgique[14], ce qui est certain pour l'ensemble des spécialistes de l'espèce, c'est que ces facteurs ont eu des effets cumulés détonants, qu'ils ont chacun contribué à l'expansion géographique des sangliers ainsi qu'à l'accroissement sans précédent de leurs populations.

La difficulté tiendrait donc moins à l'élucidation des causes de cette croissance – encore que l'on s'écharpe parfois, pour la forme, sur ces dernières – qu'aux actions qu'il conviendrait de mettre en œuvre pour pallier les conséquences. La teneur des conclusions de la plupart des publications scientifiques à propos des sangliers est en ce sens parlante : toutes, ou presque, avancent

---

habitats ainsi que de la police de la chasse. L'ONC est devenu en 2000 l'Office national de la chasse et de la faune sauvage (ONCFS) qui a fusionné en 2020 avec l'Agence française de la biodiversité (AFB) pour devenir l'établissement public national chargé de protéger et d'assurer la reconquête de la biodiversité : l'OFB.

des orientations de gestion pour cette espèce ; toutes, ou presque, en appellent à une hausse de la pression de chasse, que ce soit par le biais de quotas à remplir ou en professionnalisant la pratique. En effet, les chasseurs, historiquement largement responsables, sont aussi, dorénavant, les principaux gestionnaires d'une espèce qu'ils ont contribué à faire proliférer – paradoxe qui rend le problème plus étriqué encore.

Si le sanglier est une espèce qu'il reste difficile de catégoriser, elle suit aujourd'hui les évolutions des pratiques de chasse et les recommandations des organismes gestionnaires – l'OFB, l'ONF… Les pratiques cynégétiques ont dû se transformer afin de conserver leur légitimité face aux évolutions sociales récentes. Ainsi, les instances représentatives des chasseurs revendiquent pour leurs adeptes le titre de *premiers écologistes de France*, les proclament *sentinelles de la nature*, leur font endosser le rôle de *gestionnaires de la faune sauvage*[15]. Beaucoup d'observateurs doutent de la première expression, démentie jusque dans les mots de l'actuel président de la Fédération nationale des chasseurs (FNC). Sur un plateau de radio, ce dernier a pu en effet déclarer : "Je n'en ai rien à foutre de réguler. Je vais à la chasse parce que c'est une transmission extraordinaire [de] ma passion et j'y prends du plaisir[16]." Pour ce qui est de la deuxième mention – des chasseurs sentinelles –, nous y reviendrons à propos de la problématique sanitaire qui concerne les suidés. Enfin, on ne peut que s'accorder avec le dernier élément, factuellement indéniable : en France, quel que soit le territoire considéré, le sanglier fait l'objet de mesures de gestion – soit de régulation et de destruction.

Le pelage est court et de métal. Aux arbres, les feuilles sont denses plus que les mois précédents et sur le corps de la bête s'est jeté un vêtement clairsemé. Mue et printemps prennent fin. Les pattes sont alertes. Les herbes couchées par le corps sont devenues jaunes du temps passé dessus et la sente est couleur sable également. Chaque jour les mêmes pas qui s'en vont au même endroit.

C'est un lieu où les arbres sont en retrait les uns des autres. Une clairière ou un essart. Une trouée où l'on a jeté les rebuts. Un dépôt en désordre. Deux troncs proches font piliers et portent un pont qui, lui, porte les tonneaux où se trouvent les graines. Comme une pluie, le maïs est lâché épars pour les bêtes. Celles-ci se retrouvent et c'est une foule qui se resserre pour n'en rien laisser. On se frotte les uns contre les autres. On se frotte dans le bas des arbres. On laisse des odeurs nouvelles sur les odeurs successivement déposées.

Trois bêtes semblables et de même âge surgissent. Groins au sol, les voici qui reniflent et cherchent ce qui se dissimule entre les herbes.

Deux bêtes qui diffèrent attendent non loin. Le bruit de leur machine n'a pas troublé les animaux qu'elles observent, alors même qu'on les dit vigilants, farouches, craintifs. Leur cœur, sûrement, bat plus fort, mais les pattes restent immobiles ou bien ne se meuvent que de quelques pouces pour aspirer le grain proche. Et les bêtes hautes qui regardent et qui se parlent bas. Puis les bêtes hautes de repartir, de gagner une ombre pour tenir l'écart.

Peu de temps après, les deux êtres aux jambes longues assistent à ce qui leur semble une lutte. Parmi les bêtes massées là, un semblable présente les marques de l'expérience. Il a les chairs denses et sombres d'un vieux mâle. L'âge fait tache sur ses grès, ceux-là comme en crue dans sa gueule. Autour, la peur de cette chair-ci, de cette gueule-là – patienter alors et se coucher pour attendre mieux. Mais se coucher trop près et le plus vieux qui vient ; courir alors, tandis que d'autres de moindre taille continuent d'ingérer le grain. Courte fuite, courte et suffisante. Mais, sur la piste, une bête haut perchée encore et dans ses mains un renflement de fer – bouche ronde et fine du renflement, bouche qui effraie mais pourtant ne tue pas. La bête humaine tient ce qui arrache des images et non le corps entier. La peur qui pince cependant, alors la fuite encore et retrouver les herbes jaunies, couchées, ce jusqu'à la nuit.

CHAPITRE 5

CONTRÔLER LE SAUVAGE OU LE CHASSER : FAUT-IL CHOISIR ?

À l'heure où nombre de publications plaident pour un "ré-ensauvagement" de la France ou de l'Europe[1], que des études évaluent la possibilité de réintroduire telle ou telle espèce de part et d'autre du continent, comme les bisons *(Bonasus bonasus)* ou les élans *(Alces alces)*, le sanglier, lui, dans le cas français, ne serait plus vraiment un animal sauvage – *"wild-but-not-too-wild animal"*, plaisante à demi une chercheuse à cet égard[2]. En des territoires où le sanglier a disparu en raison d'une chasse trop intensive, comme au Royaume-Uni au cours du XVIIe siècle, des études portent aussi sur la faisabilité de réintroduire des populations de suidés afin de participer au "ré-ensauvagement" de ces régions[3] – mais c'est là une autre histoire.

En France, la loi qualifie pudiquement le sanglier d'espèce "non domestique", si ce n'est d'animal "susceptible d'occasionner des dégâts". Une définition négative, d'une part ; une définition fondée sur ses effets, de l'autre. Par ailleurs, l'animal ne serait plus considéré pour ses qualités propres, mais pour celles que la chasse lui a attribuées au cours du temps, au point que des publications scientifiques ne présentent plus l'animal que dans ces termes : d'un côté, une espèce déprédatrice et invasive ; de l'autre, une espèce populaire sur le plan cynégétique[4]. Dès lors, les sangliers se verraient éjectés du bestiaire des naturalistes pour entrer dans le seul giron des chasseurs, qu'ils soient sportifs ou gestionnaires – jusqu'à les en dégoûter.

Pas encore domestique, mais plus tout à fait sauvage*, le sanglier ainsi "cynégétisé" se trouve désacralisé pour nombre de chasseurs lassés par la "régulation" sur demande, afin de contenir des populations considérées comme envahissantes ou ravageuses. Abattages massifs, fosses communes et équarrissages ne convainquent

---

* Rappelons de nouveau que les termes "cochons" et "porcs", utilisés fréquemment par les chasseurs, montrent que la limite entre le sauvage et le domestique est bien floue.

pas plus au sein du monde cynégétique qu'en dehors de celui-ci. Toutefois, peu d'alternatives sont présentées. S'il est envisageable de repousser les animaux hors des cultures avec des clôtures électriques, dont l'efficacité est reconnue – celles spécifiques au gibier seraient en moyenne 30 % plus efficaces que les clôtures à bétail* –, le coût que cela implique et, parfois, le manque de coordination entre les fédérations de chasseurs et les agriculteurs peinent à en généraliser un déploiement efficace.

On l'a vu, les facteurs influençant la dynamique d'une population de sangliers sont multiples. S'ils dépendent des particularités de chaque région biogéographique, ils agissent souvent en synergie et convergent vers une même croissance. Des éléments naturels font bien sûr figure de contrainte : climat, prédateurs et maladies jouent, à la marge, sur l'évolution des populations. Mais c'est la chasse qui est la principale cause de mortalité des sangliers, et ce de manière écrasante[6]. Or, chacun observe que cette dernière ne parvient pas, sinon très difficilement et temporairement, à réduire ou stopper la croissance des populations de l'espèce. Il n'en reste pas moins que, chaque année, les tableaux de chasse augmentent ; que, d'une commission à l'autre, les territoires de chasse s'agrandissent ; enfin, que les battues s'invitent jusque dans des espaces protégés, parfois à la suite de la demande des gestionnaires eux-mêmes.

Ainsi, quels que soient les leviers employés pour la suppléer, la pression de chasse sur l'espèce n'a fait qu'augmenter partout en Europe. Mais cette pression pourrait bien avoir atteint sa capacité maximale. En cause, trois raisons principales : l'essence de la chasse n'est pas la régulation ; la démographie actuelle des

---

* Notons que le succès des traversées de ces clôtures était plus élevé chez les mâles que chez les femelles durant la période de pénurie alimentaire[5].

pratiquants, ainsi que la pression sociale croissante les concernant ; les mécanismes d'indemnisation des dégâts mis en place il y a presque cinquante ans – soit dans un contexte tout autre.

Une essence de la chasse ?

Comme le décompose, non sans humour, le philosophe espagnol José Ortega y Gasset[7], les occupations recherchées de tout temps par nos concitoyens (masculins) peuvent se diviser en quatre grandes catégories : les compétitions sportives, les réunions entre amis, la danse et la chasse. Cette dernière, libérée de la nécessité alimentaire, est devenue un sport autant qu'un privilège. Privilège pour les classes les plus aisées, peu importe la période historique considérée. Et ce ne sont que les révolutions qui permettent aux paysans et au plus grand nombre de chasser autant les injustices sociales que le gibier. Mais la chasse est autant un privilège qu'une éthique de la limitation. En certains cas, l'éthique participe d'ailleurs à perpétuer la distinction : que l'on pense à ces veneurs et veneuses étudiés par les sociologues Michel Pinçon et Monique Pinçon-Charlot, pour qui le décorum, le vocabulaire et la mise en œuvre de rites servent d'outils de reconnaissance au sein de l'espace forestier[8]. Ceci n'est pas nouveau – récits historiques et mystiques sont aussi nombreux que les analyses anthropologiques sur ce point. Longtemps, la chasse a été une passion accessible au prix d'une initiation, cette dernière ouvrant à une éthique reposant sur l'effort physique dans la quête du gibier, sur la confrontation à la solitude dans les espaces sauvages et sur une discipline militaire. Elle contribuait, alors, à l'éducation de la noblesse, préparant les jeunes hommes à la guerre et les habituant à fréquenter la mort – ce, comme le montrent des traités de l'époque, depuis l'Antiquité au moins[9].

Si d'aventure l'espèce humaine a une qualité en propre – ce dont l'on peut douter –, la chasse n'en est pas une. Nombreux sont les prédateurs. Mais la chasse se différencierait de la prédation par un principe de limitation dans ses actions. Alors que le progrès des armes et des ruses va croissant, elle persisterait à se distinguer de la destruction ou de l'annihilation. Même si les évolutions techniques concourent à limiter les risques d'échec lors d'une sortie, les mots employés pour qualifier les actes et les choix faits au moment de tirer servent d'ultimes limites.

Pour que la chasse garde ce qui fait sa particularité, la proie doit avoir une chance. Il faut que les animaux, comme il nous est arrivé de l'entendre, aient "du répondant". Comme l'a résumé un ethnologue, l'animal cynégétique sauvage doit être "capable de se défendre contre son poursuivant" – mais, ajoute-t-il, cette capacité est "un invariant instable [...] en constant réaménagement[10]". Le statut de la proie n'a guère changé. Aux aguets, en incessante alerte, elle attend, afin de mieux fuir le prédateur. L'inégalité entre celle-ci et le super-prédateur qu'est l'humain est évidente. Toutefois, elle ne doit pas empêcher l'animal de distancer ses poursuivants en montrant des qualités de rapidité, de force ou de clairvoyance supérieures au chasseur. Ce dernier, en retour, doit être suffisamment habile pour anticiper et contrer les choix de la proie. Si celle-ci ne peut se défendre, l'essence de la chasse est perdue. On le voit, pour un vieux philosophe ou un comparse espagnol plus jeune comme pour certains chasseurs français d'aujourd'hui, la beauté et le plaisir de la chasse résident dans l'incertitude quant à l'issue de l'effort produit. La capture ne doit pas être assurée, la rencontre doit rester imprévisible et le renoncement doit être un choix envisageable autant qu'un autre. On pourrait paraphraser les mots tenus par le père d'Albert Camus à son fils, et conclure ainsi : le chasseur "civilisé" ne serait-il pas celui qui, le plus souvent, se retient ou s'empêche[11] ?

Il y aurait des bons et des mauvais chasseurs : évidence et bon sens se coordonnent pour émettre cette assertion tant attendue dès lors qu'il est question de la pratique cynégétique dans une conversation. Ortega y Gasset ne disait pas autre chose, mais ajoutait la patine philosophique à son discours : "La chasse, comme toute activité humaine, est encadrée par son éthique, qui distingue la vertu du vice. Il y a le chasseur scélérat, mais il y a aussi des chasseurs bigots qui se donnent une éthique étroite et bornée[12]." Prosaïquement, les chasseurs distinguent eux-mêmes les "viandards" qui tuent sans vergogne, tirent profit de la viande, et les "zozos", les "huppés", les "aristos", les "bourgeois", tous ceux qui ne cherchent pas nécessairement à ramasser, à cuisiner ou à manger (mais quelquefois à vendre au restaurateur du coin) ce qu'ils tuent. À l'opposé se trouvent les locaux ruraux qui mangent le gibier et tendent à valoriser toutes les parties de ce dernier de façons diverses (viandes rôties, marinées, saucissons et terrines). Découper et partager la viande à la fin de la chasse, donner une épaule ou d'autres bons morceaux aux amis, aux voisins, à ceux qui ont rendu service, caractérise l'éthique du chasseur, l'étend au-delà de la seule action de chasse pour en faire un mode de vie qui, adossé généralement aux cultures potagères, permet d'habiter le territoire dans toute sa matérialité.

Ainsi, une cohorte de pratiques ritualisées et de principes profondément ancrés justifie la poursuite de la chasse. Si son intégration à la grande chaîne alimentaire du vivant contribue aussi, parfois, à en légitimer la pratique, ce sont avant tout les pratiques sociales de dons et de contre-dons, de partages et leur caractère quelquefois festif qui attirent bon nombre d'adeptes. Se nourrir grâce à la chasse, c'est d'ailleurs l'unique motivation qui trouve grâce en des proportions importantes auprès du grand public[13]. Tout en reconnaissant les excès que peut entraîner la passion – ponctuellement chasser trop d'animaux ou s'acharner avec cruauté sur certains récalcitrants à la capture –, le chasseur se voit fréquemment aussi bien prédateur que protecteur du milieu et de la faune sauvage. En somme, à suivre cet archétype brossé par l'histoire – et quelques ethnologues –, il assurerait une protection face aux excès de la Modernité et aux idéaux citadins.

Chasseurs d'aujourd'hui

Déstabilisés d'un côté par les prélèvements de régulation, contestés de l'autre par des militants de la nature qui dénoncent leur prédation à l'égard d'animaux sauvages, les chasseurs tendent de plus en plus à raccrocher le fusil. Dès les années 1970-1980, les études sociologiques et ethnographiques[14] ont montré comment l'expansion de la chasse accompagnait la transformation de la campagne et des pratiques paysannes, comment la dégradation des conditions de reproduction du petit gibier avait partie liée avec la mécanisation de l'agriculture, l'exode rural et le remembrement des bocages. Tandis que le nombre d'adeptes atteignait un pic, le petit gibier disparaissait progressivement de la campagne. Au même moment, le mouvement anti-chasse se structurait, ses positions se démocratisaient et les politiques publiques se paraient des atours de l'écologie[15] : en une décennie, un ministère dédié à l'environnement est créé (1971), une loi portant sur la protection de la nature est promulguée (1976) et, au niveau européen, une directive-cadre à propos des oiseaux redéfinit la politique environnementale communautaire (1979). Malgré quelques interventions institutionnelles, la dissolution ou la disparition des pratiques paysannes se poursuit au même rythme que s'effondre la biodiversité.

Sur le terrain, les pratiques de lâchers de gibier d'élevage, les plantations de haies, les introductions de gibier se multiplient, mais forment autant de pis-aller, d'expédients qui ne compensent pas le remembrement et l'arrachage toujours vivaces. Beaucoup de chasseurs, témoins de ces bouleversements et de leurs paradoxes – chasser des animaux semi-domestiques que l'on vient tout juste de libérer dans un milieu qui leur est inconnu, chasser des animaux semi-sauvages nourris régulièrement dans les bois, chasser dans des paysages devenus fatals au maintien élémentaire de la faune sauvage –, continuent, malgré tout, d'exercer leur passion. Mais ils ne sont pas dupes : s'ils ne peuvent être tenus pour seuls responsables du déclin de la biodiversité, ils connaissent leur part, et certains sont étonnés de poursuivre le prélèvement et l'activité dans des zones où cailles, perdrix, lièvres et même lapins ont disparu, où les pies-grièches, les alouettes et les bruants ne survolent plus les champs voisins, où les grenouilles désertent les dernières mares et les hirondelles s'absentent des fermes et des villages environnants[16]. Voici pour les héritages. Et aujourd'hui, qui sont les chasseurs ? Comme tout collectif, celui réuni par la pratique cynégétique n'est pas homogène. Toutefois, quelques types peuvent être ébauchés.

Il y en a un que l'on voit sur les chaînes d'information en continu. Il porte les cheveux en brosse, est bon vivant et argue d'une passion que les militants d'une "écologie punitive" souhaiteraient annihiler. Il s'enorgueillit d'avoir l'oreille du président de la République et de représenter la ruralité, l'histoire populaire, les traditions.

Il y en a un autre que l'on rencontre lors de journées de formation, dans les couloirs des directions départementales des territoires, dans ceux des fédérations départementales ou régionales de chasse. Il connaît la réglementation et a lu les dernières parutions techniques et scientifiques sur l'espèce dont il a la charge. Il renseigne les administrateurs mais ces derniers n'en font qu'à leur tête, malgré ses recommandations.

Il y en a un dernier qu'on aurait peine à caractériser avec autant d'aisance. Son père chassait et son grand-père faisait peut-être de même. Il a passé le permis dès sa seizième année ou bien l'a obtenu plus tard, après s'être familiarisé avec de nouveaux voisins, de nouveaux collègues, de nouveaux amis. Il se donne quelques jours par an pour participer à une battue ou bien cumule ses jours de congé pour les consacrer entièrement à la traque de son espèce de prédilection. Il ne tire que rarement, relève souvent le canon pour admirer l'animal qui surgit devant lui, ou se plaît à collectionner les prises pour alimenter gloriole, réputation et congélateur.

Ce dernier type, loin d'en être un tant il est hétérogène, regroupe la plupart des chasseurs français. Des enquêtes régulières permettent de détailler les évolutions les concernant[17]. Suivant la démocratisation de l'accès à la pratique, un maximum a été atteint au milieu des années 1980. Alors, plus de 2 millions de Français et Françaises étaient chasseurs et chasseuses. Les participants avaient en moyenne quarante-cinq ans, et près de 30 % avaient moins de trente-cinq ans. Les chasseurs étaient autant cadres moyens ou supérieurs qu'employés ou ouvriers, tandis que les agriculteurs étaient peu nombreux. Leurs profils et pratiques étaient très variés selon les régions – une pluralité cachée par la figure du chasseur gestionnaire et régulateur de la faune sauvage portée longtemps par les institutions nationales.

En 2015, date de la dernière enquête d'envergure, la tendance était tout autre. La France compte alors environ 1 100 000 chasseurs, dont la moyenne d'âge se situe à cinquante-six ans, contre quarante et un ans pour l'ensemble de la population. Seulement 1,6 % de la population française pratique la chasse, contre 4,3 % en 1984. Plus urbains et plus âgés, les chasseurs résident de moins en moins sur leurs lieux de chasse. Ils sont plus souvent retraités, inactifs, cadres moyens ou supérieurs qu'employés ou ouvriers. Les agriculteurs sont toujours aussi peu nombreux. Deux fois moins de permis de chasse sont attribués chaque année, et le taux d'abandon, soit l'arrêt de la pratique après l'année qui suit l'obtention, est élevé. Enfin, la part des jeunes s'est effondrée, augurant d'un âge moyen grandissant dans les années à venir. Autant de chiffres qui signalent une réduction structurelle et inévitable des effectifs de chasseurs. Quel lien ces détails démographiques peuvent-ils avoir avec les sangliers ? Comme une publication scientifique déjà citée le montre avec éloquence : "Wild Boar Populations up, Numbers of Hunters down[18]" – la coïncidence, moins qu'une corrélation, signale deux tendances contraires, deux variables qui tendent à se dissocier.

Chasse de loisir et chasse de régulation sont devenues très difficiles à concilier dans tous les témoignages de première et seconde main. Avec un taux de croissance évalué à 4 %, l'enjeu sera probablement de tuer plus d'un million de sangliers d'ici 2030, alors que le nombre de chasseurs, lui, devrait tomber en dessous de 800 000. On voit bien les difficultés à venir. Mais les germanophiles le rappellent à titre de comparaison : en Allemagne, trois fois moins de chasseurs tuent autant d'animaux.

Aussi, on l'a vu, les recommandations des autorités et des experts cynégétiques sont univoques : développer et combiner battue, affût, approche et, surtout, interdire toute forme de nourrissage et de lâchers, cesser de préserver des animaux qui sont hors de contrôle. La menace de la peste porcine africaine (PPA) – nous y reviendrons – pousse plus encore en ce sens.

Dans ce contexte, on fait appel à de bien vieilles institutions pour seconder des pratiquants moins mobilisés et vieillissants qui peinent à contrôler ces populations de suidés sauvages qu'ils ont pourtant contribué à produire. En effet, les battues administratives se multiplient et, pour organiser celles-ci, les interventions des lieutenants de louveterie sont de plus en plus régulièrement mobilisées. Pour tenir la cadence, on dit que leurs effectifs devront être augmentés. Depuis longtemps, leur action concerne moins les grands prédateurs que les espèces considérées comme problématiques. Les louvetiers tirent de nuit les animaux dispersés dans les champs, capturent à l'aide de pièges-cages les sangliers trop envahissants dans certains espaces protégés, les jardins de villas, les quartiers résidentiels et les parcs publics, avant de les euthanasier. Parce qu'ils détruisent la faune à problèmes qui est aussi leur gibier, les chasseurs n'apprécient guère leur intervention – et c'est peu dire : en réduisant les effectifs locaux de sangliers, l'action des louvetiers s'oppose à la chasse de loisir ; par les moyens mis en œuvre, ils ne s'inscriraient plus dans cette éthique propre à la chasse évoquée plus haut.

Allant plus loin, finissant de déconnecter sangliers et chasseurs, certaines victimes de dégâts envisagent désormais l'usage de poisons officiels ou non (appâts mélangés à des pesticides agricoles par exemple). Mais, en raison des effets négatifs qu'ils pourraient avoir sur le reste de la faune et des risques pour les humains, cet usage reste interdit ou circonscrit[19]. Selon le principe de bioaccumulation, l'ingestion de poison par une espèce peut en effet se répercuter sur toutes celles qui participeront à sa décomposition – mammifères et oiseaux charognards, insectes, plantes… Un risque très important de l'aveu de tous les organismes qui réfléchissent aux différents moyens de régulation. Malgré ces expériences, le tir létal a encore de beaux jours devant lui.

Toutefois, dire que l'institution cynégétique est fragilisée est un euphémisme. Sur le déclin de manière structurelle, elle est aussi de plus en plus contestée dans le reste de la population – au point que la critique est devenue majoritaire. En 2021, on l'a vu, deux sondages, l'un commandé par une association animaliste*, l'autre par la FNC, arrivaient aux mêmes résultats

* Par animaliste nous entendons tout collectif qui engage une action politique en faveur d'un mieux-être des animaux, qu'il soit réformiste ou abolitionniste, légaliste ou illégaliste.

quant à l'acceptation ou le rejet, au sein de la population, de l'activité cynégétique[20]. Si la chasse est majoritairement considérée comme pouvant faire partie d'un mode de vie rural, si beaucoup la jugent indispensable pour limiter les dégâts causés par la faune sauvage, voire gérer les populations animales, seuls 20 % des Français et Françaises lui sont favorables[21]. Les arguments à son encontre progressent, en milieu urbain comme à la campagne. De plus, l'association de la chasse à un patrimoine culturel national régresse dans toutes les catégories de population. Rappelons qu'à l'image de l'écrivain russe Léon Tolstoï, de nombreux passionnés finissent par abandonner cette pratique parce qu'il s'agit avant tout, selon leur propre expérience, d'un *plaisir cruel*[22]. Dans certains départements, des militants et militantes n'hésitent plus à renverser des chaises de tir, à scier les pieds de miradors de chasse, à venir contester, pour certaines pratiques, leur bon déroulement. Mais la capacité de réaction de ses adeptes est toujours vivace. À l'approche de chaque élection, la FNC invite les chasseurs à revendiquer la ruralité comme enjeu et atout alors même que la plupart d'entre eux sont urbains. Tandis que nous écrivons ces lignes, environ 40 000 chasseurs parcourent le temps d'une journée les rues de Mont-de-Marsan, Redon ou encore Amiens pour revendiquer leur vision de la ruralité et manifester contre les interdictions qui ont sanctionné quelques-unes de leurs méthodes – interdictions qui seront levées dans la foulée.

Réguler pour mieux chasser

Cela ne fait pas de doute : l'idéal d'une *bonne gestion* s'est imposé. Dans un tel contexte, on cherche à modifier les techniques de chasse, passant d'une pratique conservatrice à une pratique gestionnaire – et, dans certains pays, comme en Allemagne, la régulation se pare des habits de la professionnalisation*. En France, les instances fédérales, quelle que soit leur échelle, demandent à leurs adhérents qu'ils en finissent avec des méthodes désormais inadaptées. On développe la chasse ciblée sur les femelles, reproductrices ou non, quel que soit leur âge, pour réduire la dynamique de population ; on fait de même sur les jeunes animaux, là où ils étaient épargnés auparavant ; on autorise par décret la chasse par temps de neige ; on demande à ce que l'agrainage soit prohibé, ne serait-ce qu'à des fins d'expérimentations. Toutes ces mesures, néanmoins, se confrontent localement à la pratique de chaque équipe, de chaque chasseur. Par ailleurs, leur mise en œuvre n'est pas dépourvue d'effets aux conséquences contradictoires avec celles espérées. La sélection des femelles, par exemple, bouleverse les structures familiales : les compagnies se dispersent et, à moyen terme, on faciliterait la reproduction plus précoce des jeunes femelles, ainsi que des portées plus grandes. Pour le reste, faute d'animaux expérimentés dans les groupes sociaux, les compagnies, rajeunies et plus nombreuses, adopteraient des comportements désormais imprévisibles et des déplacements inédits.

Enfin, une question persiste : pourquoi, alors que la pression de chasse n'a jamais été aussi forte, la dynamique ne s'inverse donc pas ? Il nous faut revenir à un animal qui, en deçà de la gestion qui se généralise à son encontre, n'a pas fini d'étonner.

On a déjà parlé de sa capacité de reproduction. De plus, quel que soit le lieu, le sanglier s'adapte à la pression de chasse. Il apprend vite à identifier, puis éviter, certaines zones à risque. Il sait varier ses routines lorsque nécessaire, choisir d'autres milieux plus propices à l'accueillir et modifier en conséquence la composition et la taille de son domaine vital. Ce dernier est à l'image de l'espèce : extensible ou rétractable, adaptable dans tous

---

* Ces professionnels ou professionnelles officient sous le nom de *Berufsjäger*.

les cas. Il peut en effet passer, hors période de chasse, de quelques centaines d'hectares en milieu forestier ou en plaine agricole à plusieurs milliers en région méditerranéenne ou en montagne[23]. Durant la saison de chasse, le domaine vital peut aussi fluctuer dans des proportions importantes de quelques centaines d'hectares à plus d'une dizaine de milliers. Des observations télémétriques en Basse-Saxe en Allemagne ont permis de suivre le comportement de fuite de sept groupes de sangliers. Les chercheurs ont montré que, malgré une forte pression de chasse, six fois sur dix les groupes de sangliers chassés en battue sont restés dans leur domaine vital tandis que quatre fois sur dix ils ont quitté leur zone principale de vie et se sont déplacés jusqu'à 6 kilomètres de distance[24]. Après environ un mois, ces groupes sont revenus au cœur de leur domaine vital. Au-delà de la fuite, le sanglier chassé se cache aussi. Après avoir atteint des zones de quiétude, il se déplace moins et préfère des milieux offrant une bonne couverture et de quoi s'alimenter, pour éviter d'être détecté[25]. Le sanglier identifie donc des zones refuges au sein et en dehors du réseau d'espaces protégés, s'abrite dans la végétation spontanée des fortes pentes ou des friches périurbaines, profite de l'absence de chasse en zone urbaine ou le long des frontières étatiques, ou, encore, s'installe à demeure dans les grands champs de maïs et de céréales dans les régions où la monoculture domine. Selon leurs institutions, les chasseurs resteraient surtout limités dans leurs actions de régulation. Bien que celles-ci, rappelons-le, bénéficient d'une reconnaissance d'utilité publique, plus de 30 % du territoire ne seraient pas accessibles selon elles et empêcheraient la bonne régulation du sanglier tout en favorisant la prolifération des animaux.

*

D'une simple controverse localisée en certains territoires ruraux, les effets des sangliers sur les activités humaines sont devenus une préoccupation nationale. Nombreux sont celles et ceux qui ont une anecdote à avancer : un parechoc embouti sur un trajet quotidien, un répulsif conseillé à base de cheveux récupérés chez les coiffeurs du village voisin, une laie suitée* rencontrée en forêt… Mais les anecdotes sont à l'image d'une roche que le temps érode. Pierres irrégulières en amont d'un torrent, elles finissent par tapisser le lit d'un fleuve, sous forme de galets, et d'en porter les eaux. Ainsi, la pression du monde agricole sur les préfets, ministères, élus locaux, du Parlement et du Sénat, a conduit l'État à mettre en œuvre en 2009 un Plan national de maîtrise du sanglier[26]. Ce dernier se décline au niveau départemental et propose un arsenal de techniques pour que les parties prenantes trouvent localement des solutions rapides et efficaces afin de maîtriser la prolifération des populations de sangliers, et ce faisant réduire significativement les dommages agricoles qu'elles génèrent.

Reste que cette prise en compte nationale se décline différemment en fonction des conditions géographiques, bioclimatiques et sociales de chaque territoire. Il convient de s'intéresser à certains plus qu'à d'autres, en l'occurrence ceux qu'on ne souhaitait pas voir investis par les suidés, ou du moins dans une moindre mesure : les milieux non forestiers, ouverts et cultivés, les villes et leurs alentours urbanisés, les espaces protégés et leurs périphéries.

---

* C'est-à-dire accompagnée, suivie de ses petits.

Voix des chiens et voix des hommes. Le son d'un cor par-dessus. Voix multiples qui ricochent, qui résonnent et qui sont dès lors au nombre de dix, de cent ou même plus. Beaucoup moins sûrement : mais déjà trop. Un réveil comme à coups de crocs dans le corps de l'animal. On lui broie l'ouïe sur une meule de cris et dans les naseaux reflue l'âcre pisse qui dit l'excitation des chiens.

Se terrer alors, être comme pierre, devenir un bloc, une masse, un rocher comme chaque fois que le danger resurgit. Ou bien décamper.

Prendre la fuite et courir en désordre car l'aboi vient de tous côtés, faire la foulée forte, oui, et d'abord suivre la sente, celle de tous les jours. Puis ne plus en suivre aucune mais tenir le galop en ligne droite. Longer un talus, un chemin, la lisière et une ruine de pierres sèches. Longer un talus, un chemin, la lisière et suer sous les soies qui finissent de tomber. Longer tout cela et prendre de lourdes bouffées d'air. Dans l'air, dans la bouche et dans le groin s'invite la salive de ceux qui courent, pissent et aboient non loin derrière.

La tête en tous sens et les chiens de même. La tête sur les chiens qui s'abat car ne plus la tenir droite tendue vers l'avant, non, mais de haut en bas pour que les défenses remplissent leur tâche, la tête d'un côté puis de l'autre pour dérouter, emporter, faire paille de ceux-là qui la mordent.

Courir. Des graviers et puis de l'eau – s'y jeter.

Et poursuivre le galop, car les eaux sont basses. Puis, marcher toujours, mais sans un socle sous les ongles, alors nager, nager seulement et contrer la dérive qui déporte vers l'aval. En dehors de l'eau on voit les écoutes et la bouche bien fermée. L'eau est couleur d'herbe, l'eau draine la fraîcheur des sommets, l'eau est peuplée de bêtes à dents courbes qui cisaillent et segmentent les arbrisseaux et de bêtes à sang froid, à bouche muette – mais ça n'est pas ce qui importe. Rejoindre la rive, s'y hisser d'un appui fort des pattes avant et s'enfoncer dessous les arbres – troncs blancs, feuilles ovales, arbres qui balancent au vent et se plaisent dans l'humide. Sur la berge depuis peu quittée de l'autre rive, voix des chiens et voix des hommes.

Les couinements d'un limier qui ne cessent – balafre et contusions – et les grondements des autres pour les recouvrir et, plus fort encore, ceux-là qui portent les canons qui hèlent, font porte-voix de leurs mains ou montrent d'un doigt la bête qui s'enfuit.

La bête sur la berge et puis sous les arbres. Devant, déjà, une sente nouvelle.

La bête qui renâcle et souffle et les fleurs blanches alentour qui entrent dans le groin en même temps que l'air. Dans les yeux, les troncs frêles et comme gercés des robiniers, un sol de cailloux puis de terre. Et la sente à travers la garrigue, la sente sous un fil droit tendu dont la décharge, lorsqu'elle touche, blesse mais n'arrête pas, la sente au milieu d'un peuple de lainage d'où s'échappent bêlements aigus et bêlements rauques, la sente qui se fiche des herbes aux épines, du paliure qui coupe, harcèle, irrite. La sente dans l'entrelacs du buis.

S'enterrer dessous les feuilles. Y faire un abri, une couche, la cachette amène pour la bête qui s'enfuit. Sous le peu de terre, ce calcaire qui comme ailleurs est proche. Socle dur sous la panse et en dedans un cœur qui s'enfuit à chaque souffle par les naseaux, la gueule ou bien les tempes. Tout le corps qui vibre des battements, tout le corps marqué par la peur et la course – merde, boue, sueur, pissat tapissent les soies d'un même dessin informe. Un sac d'odeurs qui exhale à grand bruit et s'apaise peu à peu.

Bruit de ferraille, de moteur, voix des chiens et voix des hommes. Des portes que l'on claque. Tressaillir, trembler ; mais pas un bruit de plus. Des voix fortes qui s'approchent, qui font ligne, qui font cercle, qui s'éloignent. Des portes que l'on claque encore.

Le cor trois fois enfin et des corbeaux qui s'envolent. La traque se termine. Mais la traque comme une empreinte qui ne cesse d'agiter le corps de la bête – les crocs et les cris et les voix et la sueur et la bave qui harcèlent tandis que tout se tait. La bête sait le plomb ou les griffes qui ont tué ses semblables. Et la peur est tenace. Le corps sera longtemps poisseux de celle-là.

CHAPITRE 6

VARIATIONS GÉOGRAPHIQUES

Nous avons esquissé la biologie étonnante du sanglier et, surtout, le cadre législatif et social qui lui est associé. Mais, de même que le territoire importe pour celles et ceux qui traquent l'animal, il compte pour l'animal lui-même. À la biologie et à la sociologie répondent l'écologie spatiale et la géographie. Et, là encore, le sanglier se distingue par sa capacité d'adaptation.

On considère communément le sanglier comme un animal inféodé au milieu forestier. Il est vrai qu'il y trouve sa nourriture la plus abondante et la mieux appréciée, ainsi que des refuges nécessaires à sa quiétude et à sa reproduction. L'accroissement des surfaces forestières françaises ces dernières décennies, jusqu'à représenter aujourd'hui 30 % du territoire, n'a pu que lui convenir et favoriser sa présence*. On lui accole fréquemment l'épithète d'*ingénieur*, pour ses effets positifs sur les sols et la végétation forestière** – épithète dont l'usage décline à mesure que ce sont les effets négatifs de sa présence qui sont évoqués[3].

Toutefois, c'est surtout en dehors des bois que le sanglier interroge. Par les dégâts occasionnés sur les cultures, il mobilise les agriculteurs et les chasseurs chargés de l'indemnisation. Par l'installation de populations urbaines et périurbaines, il questionne les citadins et redéfinit la place des animaux sauvages en ville. Enfin, en usant de certains espaces protégés comme abris, il irrite des naturalistes et gestionnaires qui ne s'attendaient pas à devoir prendre en compte cette espèce.

---

* Le suivi par radiopistage d'une centaine de sangliers a démontré que la complexité du paysage et la diversité des habitats jouent un rôle majeur dans la prédiction de la mortalité due à la chasse, les sangliers ayant une proportion plus élevée de forêt dans leur domaine vital sont moins susceptibles d'être abattus[1].

** Les données expérimentales montrent que les perturbations des sols par les sangliers n'ont pas d'effet ou ont alors seulement des effets positifs sur le stockage du carbone organique. La perturbation favoriserait même les sols et leur fertilité[2].

La forêt jusque dans les champs : controverse autour de l'indemnisation

Composée de quelques dizaines de milliers au début des Trente Glorieuses, la population française de sangliers dépasserait désormais le million d'individus, selon des estimations qui restent toutefois peu nombreuses, car difficiles et discutées[4]. Rappelons encore – on a toujours du mal à croire ce que l'on sait – que si 35 000 individus étaient abattus au début des années 1970, 800 000 individus l'étaient cinquante ans après*. Partout dans le monde, la faune sauvage s'effondre au point que, pour les seuls mammifères, les humains et leur bétail représentent désormais 96 % de la biomasse** totale[5]. À l'inverse de cette tendance, sangliers, mais aussi cerfs et chevreuils, voient leurs populations croître dans des proportions inédites.

Les raisons de ces courbes effarantes sont connues : l'intensification agricole a fortement contribué à réduire les populations de petit gibier de plaine, encourageant les chasseurs à se tourner vers le grand gibier – donc à en conserver autant que possible les populations. Mais les évolutions juridiques ne sont pas en reste. La cessation du droit d'affût accordé aux propriétaires et agriculteurs jusqu'à la fin des années 1960 conduit, en échange, à la mise en place d'un système d'indemnisation des dégâts aux cultures par les institutions cynégétiques. Ainsi levé ce frein important à la gestion et au développement de ces populations, les animaux ont étendu leurs aires de répartition et leurs effectifs. Ces mammifères sauvages ont alors créé des dégâts en consommant tout ou partie

* Dans le Gard, par exemple, 29 203 sangliers ont été tués durant la saison 2019-2020, là où ils n'étaient que 523 en 1973. Par ailleurs, la chasse à l'affût et la chasse à l'approche, destinées à protéger les cultures à partir du 1er juin, ont ajouté à ces chiffres 1 827 animaux, que complètent les 401 individus tirés à titre exceptionnel au printemps 2020 (données FDC 30).

** Masse de matière vivante.

des récoltes à différents stades culturaux (semis, germination, croissance, maturation). Tiges abrouties, feuilles consommées, bourgeons arrachés, fleurs piétinées, fruits dévorés, racines exhumées, graines avalées : on l'a vu, toutes cultures ou prairies peuvent être l'objet de dégâts.

Ces dernières années, les indemnisations versées aux agriculteurs victimes du grand gibier par les chasseurs sont de l'ordre de 35 millions d'euros. Mais c'est sans compter le coût de gestion administrative des dossiers, ni celui des moyens de prévention mis en place, principalement les clôtures électriques, qui doubleraient probablement ce premier total. Par ailleurs, les biais dans l'estimation des dégâts sont nombreux et régulièrement mis en avant par des organisations de producteurs et certains syndicats agricoles. Les dégâts de faible ampleur en raison de leur superficie ou qui n'atteignent pas, pour quelques centaines d'euros, le seuil d'indemnisation ne sont pas intégrés. Les indemnisations des cultures biologiques ne sont pas jugées à la hauteur de la réalité des pertes et surcoûts. La Confédération paysanne souligne pour sa part que la mise en place, depuis 2014, d'un seuil d'indemnisation supprime beaucoup de petits dossiers et rend invisibles certains préjudices comme ceux touchant les murets, le matériel, les animaux ou les clôtures[6]. Enfin, l'évaluation est également mise en cause : beaucoup de dégâts seraient sous-estimés par les experts des fédérations départementales de chasseurs.

De plus, la situation varie beaucoup selon les régions, les départements et les communes. Si les chiffres progressent à peu près partout, seulement 15 % des communes concentrent 85 % des dégâts. Les indemnisations se comptent en millions d'euros dans la Meuse, l'Yonne ou le Loiret, là où la plupart des départements déboursent moins de 300 000 euros par an[7]. Maïs, blé tendre et colza sont les cultures les plus touchées*.

---

* En 2017, les dégâts par les sangliers avaient concerné plus de 8 000 hectares de maïs, environ 5 000 hectares de blé tendre et

Toutefois, les populations de sangliers peuvent détruire localement des cultures à haute valeur ajoutée ou des milieux fragiles. C'est le cas de pâturages utilisés pour les vaches laitières, ce qui peut aller jusqu'à déstabiliser certaines filières agroalimentaires comme celle du munster dans le Haut-Rhin[8].

Ces situations, parfois critiques localement, peuvent conduire certains syndicats à des réactions virulentes. Ainsi, en 2016, des agriculteurs de la Confédération paysanne de la Loire ont fait entendre leur colère en amenant des cochons sur les pelouses de la fédération des chasseurs du département pour dénoncer les dégâts causés par les sangliers, les procédures administratives trop complexes et trop longues pour obtenir une indemnisation[9]. À l'échelle individuelle, les cas peuvent différer radicalement. Là où des agriculteurs en difficultés financières voient leurs ultimes "efforts pour sortir la tête de l'eau[10]" anéantis par des dégâts, d'autres exploitants contestent les mœurs cynégétiques locales ou refusent le passage d'une battue sur leur terre et deviennent sujets à des incivilités sur leur matériel ou leurs clôtures. Quelquefois, certains en viennent aux mains[11].

Les oppositions sont également symboliques. Beaucoup d'agriculteurs ont le sentiment qu'après une écologisation* des politiques publiques (Natura 2000, les mesures agri-environnementales) – souvent subie – s'ajoute une mise sous tutelle cynégétique de leur activité et de leur territoire d'exploitation. S'il faut, d'abord,

---

autant de prairies ainsi que 1 000 hectares de colza. En 2021, le prix de la remise en état d'une prairie ou le ressemis des cultures pouvait varier de 100 à plus de 200 euros par hectare, tandis que la perte de récoltes pouvait être indemnisée à hauteur de 1 200-1 400 euros par hectare selon les cultures.

* L'écologisation désigne le processus de prise en compte de l'environnement dans les différentes politiques publiques sectorielles (agricoles, énergétiques, gestion du territoire et des milieux naturels), les organisations et les pratiques professionnelles[12].

encaisser les dégâts et s'engager dans des procédures d'indemnisation souvent insatisfaisantes, il faut aussi savoir répondre à certains chasseurs considérant que nombre d'agriculteurs "exagèrent et cherchent à gagner de l'argent[13]" avec leur perte de récolte.

Les nœuds hérités de ce système d'indemnisation sont nombreux. Paradoxalement, les organisations cynégétiques n'ont pas toujours intérêt à réguler efficacement les sangliers. L'abondance des populations locales justifie les cotisations ; moins de sangliers pourrait se traduire par moins de chasseurs actifs, donc par des difficultés de trésorerie pour les sociétés locales et les fédérations départementales. Pour les organisations cynégétiques, la voie est étroite. D'un côté, la réduction des populations pour atténuer les dégâts et recouvrer la paix sociale implique le risque de voir s'effondrer les ressources humaines et financières. De l'autre, contrôler le niveau de prélèvement permet de rester attractif pour les adhérents, mais perpétue l'accroissement de la charge financière des indemnités jusqu'à un niveau difficilement soutenable. Dans les deux cas, les conflits locaux avec les agriculteurs, les naturalistes et la population locale – rurale comme urbaine – sont inévitables.

Jusqu'en 2018, les coûts d'indemnisation des dégâts étaient mutualisés à l'échelle départementale et se voyaient partagés entre toutes les associations. Localement, certains groupes de chasseurs pouvaient avoir intérêt à ne pas jouer le jeu de la régulation. En pratiquant une chasse conservatrice à l'opposé des consignes fédérales, ils pouvaient continuer de profiter d'une belle population de sangliers à prélever sans surcoût. Dans le langage de la théorie des choix publics, ils faisaient *cavaliers seuls**. Depuis, la mise en place d'une taxe

* Il peut être rentable pour un individu de profiter d'une ressource ou des gains de l'action collective sans en partager les coûts ; autrement dit, de regarder les autres se mobiliser et

territoriale dans nombre de départements a permis de réduire cet effet, parfois en transférant le coût vers les municipalités. Ces dernières peuvent ponctuellement combler le déficit des sociétés de chasse locales qui ne parviennent pas à remplir les conditions de prélèvement et à réduire les dégâts.

À titre d'exemple, la fédération des chasseurs du Gard a ainsi revu à la baisse les cotisations départementales. Les chasseurs doivent désormais payer, en plus de leur adhésion, une participation financière proportionnelle à la taille du territoire de chasse des sociétés communales ou privées concernées. Cette taxe est ensuite versée par ces dernières à la fédération. Par ailleurs, une contribution territoriale s'ajoute pour les détenteurs du droit de chasse situés dans les communes qui enregistrent des dégâts de sangliers jugés importants et répétés. Un coefficient de responsabilité progressif, jugé dissuasif, est appliqué. L'objectif poursuivi par la fédération est d'indexer les paiements sur les dégâts, afin de sensibiliser et responsabiliser les pratiques des chasseurs et de leurs sociétés locales.

En l'absence de réforme générale, les fédérations départementales louvoient. Au niveau national, les leviers sont différents. Les chasseurs essaient de faire participer d'autres parties prenantes au financement des dégâts – ce qui ne va pas de soi : en l'absence d'obligation de résultat, demander aux contribuables de participer *via* l'État, ses services déconcentrés ou les collectivités territoriales, semble discutable pour beaucoup. Notons qu'à la demande des avocats de la FNC, le Conseil d'État a décidé fin 2021 de transmettre au Conseil constitutionnel sa question prioritaire de constitutionnalité (QPC) sur la légalité du système d'indemnisation des dégâts de grands gibiers. Par une décision rendue le 20 janvier 2022, les gardiens de la

---

profiter des apports de la mobilisation. On appelle cela en anglais être *free-rider*, c'est-à-dire faire cavalier libre ou seul[14].

Constitution ont jugé conformes à cette dernière les dispositions du Code de l'environnement portant sur l'indemnisation des dégâts causés aux cultures par le grand gibier. Le Conseil constitutionnel valide ainsi le principe de l'indemnisation par les seuls chasseurs, principe remis en cause par la FNC qui considérait, face à l'augmentation de cette charge en raison de la prolifération des sangliers, que les chasseurs n'étaient plus responsables des dégâts.

*

L'intrusion des sangliers dans les affaires publiques n'est pas seulement le fait des instances cynégétiques, des services de l'État ou des associations environnementales. En intervenant sur un terrain déjà fragilisé, ces animaux-là mettent en lumière des enjeux dont ils ne sont qu'un élément. Un exemple, parmi d'autres, peut en donner la preuve. En 2017, à la suite des nombreux dégâts dans les potagers et jardins familiaux, le maire d'un gros bourg du Massif central écrit au président de la fédération départementale des chasseurs pour lui demander d'agir en urgence. Il dépeint une situation critique où les habitants les plus pauvres de sa commune – chômeurs de longue durée, retraités sans pension ou avec une petite pension, jeunes éreintés par le néolibéralisme – dépendent amplement de la productivité de leurs potagers pour manger afin de tenir la belle saison jusqu'à l'ouverture des Restos du cœur. Or, des sangliers mettent à mal leurs efforts et ébranlent fortement les plus fragiles. Dans ce cas, qui est à blâmer ? Les animaux fouisseurs ou ceux qui les ont fait proliférer ? Si l'on ne peut que déplorer que ces jardins soient ravagés, on ne doit pas oublier que les situations de vulnérabilité que leur nécessité révèle sont produites et entretenues par un système économique délétère. Par des choix – donc des responsables. Les sangliers ici font figure de levier opportun et dissimulent des enjeux plus généraux. Il convient de saisir d'un même élan les problèmes écologiques et sociaux qui découlent du système actuel de production et de consommation ainsi que de nos rapports au vivant[15].

D'un urbain indésirable…

Poubelles, espaces verts, parkings, bosquets ou friches, zones industrielles ou urbaines, terres maraîchères : tout paraît bon pour satisfaire les besoins du sanglier en périphérie des villes. Il forge son territoire au gré de l'espace qu'on lui accorde et, à défaut, se permet de s'approprier une partie de celui qu'on lui refuse. Il apprend ainsi à craindre et à fuir les humains dans certains contextes, à les ignorer et à cohabiter dans d'autres, ou encore à user de leurs rebuts et déchets là où ils sont disponibles.

Alors même que, pour beaucoup d'espèces, l'urbanisation du territoire et la fragmentation des paysages causent de fortes diminutions démographiques, le sanglier, lui, semble parfaitement s'adapter aux évolutions contemporaines de l'occupation des sols. En ce sens et suivant une tentative de standardisation taxonomique récente, on parle de plus en plus de "sangliers urbains[16]". Ils s'apparenteraient alors aux usagers de l'espace urbain, voire, dans certains cas, feraient désormais partie de ses habitants[17] : ils useraient des villes en l'absence de territoires plus adéquats ou parce que ceux-ci sont déjà densément peuplés, reportant leur recherche de refuges dans ceux que proposent les agglomérations[18].

Il n'est pas le seul à réagir ainsi : ratons laveurs *(Procyon lotor)*, coyotes *(Canis latrans)* et renards roux sont parmi les plus emblématiques de ces animaux. Et, pour ces derniers comme pour le sanglier, nous pourrions suivre un journaliste britannique arguant que leur arrivée "sur les places publiques et dans les parcs urbains impose de se confronter à une nouvelle réalité : nous nous heurtons aux limites de l'urbanisation[19]".

Une conclusion que partage la géographe Jennifer Wolch pour qui il est urgent de composer "une théorie urbaine qui [prenne] sérieusement en compte les non-humains[20]" – théorie qui devrait, selon elle, inspirer un aménagement renouvelé. C'est ce qu'entreprend, par exemple, l'association Paris Animaux Zoopolis (PAZ). Cette dernière, créée en 2017, entend agir au sein de l'agglomération parisienne pour "normaliser et rendre légitime la présence non humaine en ville[21]".

Mais, malgré un intérêt médiatique croissant qu'accompagnent, on le voit, quelques publications sur la place des animaux sauvages au sein de la cité[22] et quelques actions politiques, peu de données sont disponibles à propos de ces populations de sangliers présentes en ville. On lit qu'ils seraient environ trois mille dans les parcs et jardins berlinois ; qu'il faudrait en abattre un millier dans la région de Rome pour espérer réduire les "raids" journaliers qui y sont constatés ; qu'une chanteuse aurait vu son sac à main traîné dans la boue dans les rues de Barcelone et que la centrale policière de la ville recevrait des centaines d'appels chaque année concernant les suidés – bref : les sangliers inquiètent une population urbaine peu habituée à rencontrer de grands mammifères lors de ses trajets quotidiens.

Au-delà de l'écho médiatique, il convient toutefois de se demander comment ces populations de sangliers vivent en ville. Quelles sont les implications pour leur comportement ? Comment réagit-on à leur présence à Hong Kong, en Israël ou en France ? Depuis peu, des études en écologie spatiale et en biologie s'intéressent au phénomène. Mais rares, encore, sont celles menées avec la même précision qu'au sein des réserves nationales de chasse, en milieu rural. Aussi proposons-nous de les réinvestir à l'aune de quelques instantanés médiatiques, afin de considérer le point de vue citadin à l'égard des sangliers et comment ces derniers réagissent à ce nouvel environnement aussi effrayant qu'accueillant.

*

Hong Kong, 2018. Une quadragénaire s'apprête à emprunter le métro. Un sanglier arrive, la bouscule, la blesse. Puis, l'animal, effarouché, repart dans la bouche de métro. À l'instar de celui-ci, des sangliers circulent librement dans la ville sud-asiatique. Entre quartiers résidentiels et *shopping malls* ou le long des voies de transport, ils sont sujets à une surveillance vidéo. Les interventions des autorités ont lieu au cas par cas. C'est que depuis 2017, en réponse aux campagnes des défenseurs des droits des animaux, les populations de sangliers du delta de la rivière des Perles ne font plus l'objet d'un contrôle cynégétique. La chasse n'était déjà plus destinée qu'à la régulation du sanglier ou d'autres espèces à problèmes depuis la fin des années 1970, tant pour des raisons de conservation de la biodiversité locale que de sécurité en situation de fortes densités humaines. Impossible, par ailleurs, de s'en remettre à un prédateur naturel : le dernier tigre de l'île a été abattu en 1915. Les suidés, plus nombreux, ne dépendent plus seulement de la forêt tropicale, qui représente encore 40 % des terres de la région ; ils usent également de la ville comme d'un réservoir de ressources pour se nourrir et prospérer. Les sangliers sont devenus la source de plaintes chroniques de la part de nombreux habitants. En guise de réponse, on capture des animaux par centaines, consacrant plusieurs millions de dollars par an, sans parvenir toutefois à juguler le problème[23].

Berlin, 2019. Un jour d'été, dans le quartier de Grunewald, un nudiste allemand est devenu célèbre bien malgré lui. Venu profiter de la fraîcheur des eaux du lac de Teufelssee, il se met à poursuivre nu une laie suivie de ses marcassins. Dans sa gueule, cette dernière tient un sac plastique contenant l'ordinateur portable du malheureux baigneur[24]. Les photos de l'événement deviennent rapidement virales, faisant le bonheur des réseaux sociaux. Si les faits ont pu amuser et surprendre, la présence de ces animaux est familière dans cette région. Près de 2 000 sangliers sont abattus chaque année à Berlin pour limiter leur prolifération et tempérer une audace croissante envers les humains. D'autant que ces derniers les nourrissent régulièrement de pommes et de restes de pique-nique. La laie chapardeuse a eu la chance de sortir du lot : son larcin l'a individualisée et elle fut promptement nommée Elsa. Une pétition pour la sauver et faire en sorte qu'elle ne soit pas abattue a été rapidement signée par près de 10 000 personnes.

Rome, 2020. La maire de Rome demande l'ouverture d'une enquête pour le moins inédite : une famille de sangliers a été abattue par la police dans une aire de jeux pour enfants. Ce n'est pas la présence incongrue d'une laie et de six marcassins dans un quartier proche du Vatican qui a posé problème : les enfants, habitués, venaient nourrir les animaux. C'est bien la solution radicale employée qui a suscité la colère des habitants et des associations de défense des animaux. Celles-ci avaient proposé d'accueillir les individus en un lieu dédié – une solution qui n'a pas mérité considération. Un an plus tard, des sangliers font de nouveau parler d'eux dans la ville : on a filmé et diffusé sur les réseaux sociaux comment quelques individus ont "racketté" une cliente sur le parking d'un supermarché au nord de l'agglomération romaine. Cernée par des animaux pressants, elle a été obligée de se délester de ses sacs de courses, dont le contenu a été dévoré sans attendre[25].

Montpellier, 2021. Les conventions de chasse sur les terrains appartenant à la municipalité ont été résiliées. Aussitôt, certains habitants dénoncent l'absence de régulation cynégétique et arguent que cela ne manquera pas de conduire à de nombreux dégâts, dans les jardins et aux poubelles. Le Parti animaliste, à l'origine de ces résiliations, leur répond en mettant en avant la nécessité de s'en prendre aux causes avant de traiter les effets : il convient de mettre un terme au nourrissage et à l'abreuvement que pratiquent les chasseurs locaux. *Statu quo*. Les parties prenantes s'observent et suivent l'évolution de la situation. On guette les faux pas pour avancer des arguments qu'on aimerait triomphants et définitifs.

Grau-d'Agde, 2021. En fin d'après-midi, la propriétaire d'une villa est intriguée par les miaulements de son chat. Elle découvre que trois, puis cinq marcassins d'une trentaine de kilos occupent son jardin, au bord de la piscine[26]. La veille, ces mêmes animaux avaient déjà attisé la curiosité des badauds en se promenant le long de la plage. Ils faisaient depuis lors l'objet d'une surveillance par les agents de la police municipale à l'aide des caméras de sécurité de la ville. Le lendemain, c'est à la police que l'on s'en remet encore : médusée par cette présence inédite, prise au dépourvu, la propriétaire fait appel aux agents. Ces derniers arrivent en présence d'un lieutenant de louveterie qui abat, à l'aide d'une arbalète, ces animaux classés nuisibles dans tout le département de l'Hérault. La propriétaire est ahurie. Elle n'avait pas imaginé une issue si violente pour des dégâts mineurs – un peu de terre remuée sous la pelouse, confie-t-elle aux journalistes. Elle croyait que la procédure était d'endormir puis de déplacer des animaux visiblement hybridés avec des porcs domestiques.

Haïfa, 2021. Un habitant de la troisième ville israélienne commente pour un correspondant du *New York Times* : "Les sangliers de Haïfa, en somme, ne sont plus vraiment sauvages[27]." Les suidés sont désormais des familiers : les habitants de la ville en auraient vu plus de 1 300 en 2019. Comme ailleurs, on s'étonne, on s'amuse, on s'habitue puis on se lasse. Passé la surprise, la question que pose l'espèce aux gestionnaires en d'autres lieux est reconduite dans le contexte urbain : que faire de ces sangliers ? Si les acteurs diffèrent, les actes sont les mêmes : tandis que des mains nourrissent, d'autres piègent et abattent.

Plusieurs éléments expliquent cette recrudescence de suidés dans les villes citées. La proximité d'un espace naturel joue dans l'expansion de l'espèce : une étude menée à Berlin a pu en effet montrer que si les populations locales de sangliers avaient plusieurs origines génétiques, elles usaient toutes des différents milieux urbains, périurbains et ruraux disponibles comme d'un gradient paysager et de ressources avec lesquels composer[28].

À Hong Kong, de même qu'à Berlin ou à Barcelone, l'importance des espaces verts, naturels ou protégés aux abords de l'agglomération est l'une des raisons à évoquer. Une étude conduite à Barcelone indique qu'en contexte méditerranéen, les périodes de sécheresse amènent les sangliers à gagner les villes, afin d'y trouver une nourriture plus rare en milieu naturel[29]. Toutefois, la composition de 200 estomacs de sangliers chassés dans l'agglomération de la capitale fédérale allemande a montré que la nourriture la plus recherchée en ville n'était pas d'origine humaine, mais bien naturelle – végétaux et vers de terre[30] –, ce qui n'empêche pas les individus de profiter des autres ressources disponibles. Ainsi les sangliers urbains auraient une croissance plus rapide que leurs homologues ruraux et seraient plus massifs : autant de changements phénotypiques que l'on peut lier aux conséquences de l'urbanisation sur le corps même des animaux[31]. Cela n'est pas sans rappeler d'autres transformations physiques dues à l'artificialisation du territoire : songeons ainsi aux pigeons estropiés de Paris, victimes de la pollution[32], ou au phalène du bouleau *(Biston betularia)*, ce papillon de nuit aux ailes blanches tachetées de noir qui évolua au XIXe siècle vers une forme mélanique près des centres industriels anglais[33]. Des études récentes sur les sangliers dans les zones urbaines de Budapest en Hongrie ont montré également que les sangliers urbains peuvent être génétiquement différents de ceux des zones périurbaines. Au-delà de l'influence des fondateurs et de la consanguinité de cette population urbaine peu connectée aux autres[34], il apparaît que les régions du génome les plus différenciées concerneraient des gènes qui pourraient jouer un rôle important dans la gestion du stress, donc l'adaptation au stress lié à la vie en ville parmi les humains. Il semble en être ainsi à Berlin où les sangliers urbains ont une plus grande tolérance aux perturbations que leurs congénères ruraux[35]. En Pologne, le suivi de 35 sangliers par télémétrie a permis d'observer que les sangliers urbains avaient des domaines vitaux plus petits, mais qu'au quotidien, ils couvraient pratiquement deux fois plus de distance – et se déplaçaient plus vite en moyenne – que les sangliers forestiers[36]. Tandis qu'ils étaient principalement nocturnes en milieu urbain, l'activité était répartie toute la journée en milieu forestier*.

*

Nul besoin du statut d'espace protégé pour devenir une zone refuge. Ici, il suffit d'un centre urbain délaissé, d'une aire périurbaine, d'un milieu mité par les friches, d'une zone touristique très fréquentée et de son cortège de déchets ; là, il s'agit d'une forte pente, inaccessible aux promeneurs comme aux chasseurs, d'une zone en libre évolution, pour des raisons de conservation ou parce que ses propriétaires n'en ont pas d'usage productif : tous ces espaces constituent autant de "réserves fantômes" temporaires ou permanentes. Non identifiées, encore moins cartographiées, elles échappent au contrôle cynégétique ou conservationniste. Une telle collusion a de quoi surprendre. Il est en effet fréquent d'opposer chasseurs et naturalistes. Les uns et les autres, il est vrai, s'écharpent régulièrement sur le terrain. Leurs intérêts et la légitimité qu'ils recherchent entrent en contradiction[38]. Le sanglier, toutefois, tend à devenir un

* Toutefois, en Italie centrale, une étude réalisée dans une zone chassée et fréquentée par le loup a montré que le sanglier évitait les nuits les plus lumineuses et que son activité nocturne était maximale au milieu de l'automne lorsque la pression de chasse était la plus forte[37].

objet commun à ces deux mondes : une espèce dont les dynamiques échappent et qu'il conviendrait dès lors de mieux gérer, y compris au sein des réserves naturelles.

À l'hôte gênant des espaces protégés

Lorsqu'ils n'ont pas de lien avec le monde de la chasse, peu nombreux sont les naturalistes et les agents d'espaces protégés qui montrent de l'intérêt pour le sanglier[39]. Chez les mammifères non prédateurs, on lui préfère le chamois, le mouflon et le bouquetin en montagne, le cerf et le chevreuil à des altitudes plus modestes. Si, on l'a dit, on reconnaît volontiers à l'espèce un rôle d'"ingénieur écologique", on lui attribue également nombre de tares dans ses rapports avec le reste du vivant : il peut entrer en concurrence et affecter le comportement d'autres espèces, par exemple celles consommant des fruits tombés au sol, comme le blaireau ou le chien viverrin *(Nyctereutes procyonoides)* qui changent alors leurs manières d'exploiter les milieux en présence de sangliers[40]. Ces derniers déstabiliseraient d'autres espèces chassables, comme les perdrix rouges et les faisans[41], et, plus largement, seraient parmi les principaux prédateurs d'espèces d'oiseaux nichant au sol[42], dont certains font figure d'emblèmes d'écosystèmes forestiers et montagnards, à l'instar du grand tétras *(Tetrao urogallus)* ou de la gélinotte des bois *(Tetrastes bonasia)*[43]. Attentifs à certaines espèces plus qu'à d'autres, les gestionnaires d'espaces protégés où l'avifaune est très présente se montrent inquiets.

Dans les réserves pour les oiseaux d'eau, les roselières, les bois de saules ou de tamaris constituent des milieux très favorables. Les sangliers peuvent y trouver la quiétude d'un refuge et ainsi échapper à la chasse sur les propriétés voisines[44]. Ils s'y établissent souvent en nombre, ce qui peut perturber les conditions de vie des espèces d'oiseaux que l'on tente de préserver. Ces dernières ont justifié le statut des lieux et les efforts d'une puissance publique aiguillonnée par des associations de protection de la nature – les voir mis à mal fait des sangliers des animaux plutôt indésirables.

Parmi ces espèces, on compte par exemple les colonies de hérons pourprés *(Ardea purpurea)* dans les massifs de roseaux communs de la réserve nationale du Vigueirat[45], en Camargue orientale dans les Bouches-du-Rhône, ou les oies cendrées *(Anser anser)* hivernantes dans la réserve nationale de chasse et de faune sauvage (RNCFS) du lac du Der, en Champagne humide, à cheval sur les départements de la Marne et de la Haute-Marne[46]. Dans un cas, le sanglier perturbe la quiétude nécessaire à la reproduction des hérons de retour d'Afrique ; dans l'autre, il laboure les pelouses et les vasières où s'alimentent les oies, les renvoyant en périphérie de réserve où elles sont chassées.

Si dans le premier site quelques battues aux limites de l'espace protégé peuvent réduire les difficultés, des aménagements du milieu peuvent aussi jouer un rôle. Ainsi, au lac du Der, le gyrobroyage dans les milieux fermés a permis d'ouvrir le paysage et de le rendre moins sécurisant pour les sangliers qui s'y étaient installés. Par ailleurs, des battues de décantonnement, répétées et très encadrées, ont permis de juguler leur présence[47].

Que l'on déclare nécessaire un tel contrôle dans les espaces protégés fait l'objet de vifs débats en raison des impacts potentiels que cela peut occasionner sur la faune et la flore des sites concernés. Parmi les gestionnaires d'espaces naturels, qu'ils soient interventionnistes intermittents ou militants de la libre évolution, cela ne fait aucunement l'unanimité. La gestion des espaces protégés n'échappe pas au "pouvoir gestionnaire" et à la volonté de contrôle de la nature[48]. La question de l'interventionnisme pour préserver la biodiversité et gérer les milieux protégés est l'objet de débats au sein des gestionnaires de la nature depuis longtemps et les choix de gestion sont très dépendants de la région, des objectifs, des moyens et de la superficie de l'espace protégé.

*

En deçà, ce sont les moyens et les méthodes de protection qui seraient à interroger. Pourquoi privilégier une espèce sur une autre ? Si une première est vulnérable tandis qu'une seconde est abondante, est-ce que la destruction est le seul mode d'intervention possible ? Une gestion de ces espaces ne devrait-elle pas mieux s'intégrer avec le reste du territoire ? Ou, à l'inverse, le statut d'exception qui échoit à nombre d'espaces protégés ne devrait-il pas être étendu sur une plus large part du territoire ?

Le comportement des sangliers bouleverse bien des situations et positions de principe. La question sanitaire ne fait qu'accroître ce postulat. On observe à cet égard une évolution dans les pratiques de surveillance et de contrôle. Certaines, jusqu'à présent réservées aux animaux d'élevage, sont désormais appliquées à des espèces sauvages. Le sanglier, *"wild-but-not-to-wild animal"*, est, par son caractère hybride, le premier touché par cette singulière extension de la contrainte.

Emprunter de vastes routes, vastes routes pour quelques larges véhicules, ceux-ci hauts et jaunes, lorsque la forêt prend feu. Le feu rend les arbres rares et les buissons piquants, comme pour s'en protéger. Genêts, genévriers et chênes verts, buis, ajoncs et chênes kermès. L'animal s'y glisse lorsqu'un véhicule passe. On n'a parfois que faire des fleurs et des épines. La terre rouge qui tache les poils drus au bas des pattes – et les pattes qui font empreinte, un peu moins que sur la boue, un peu plus que sur la pierre.

Cette terre rouge devient rousse puis brune puis noire. Noir le ciel aussi. Noirs les buissons et les arbres. C'est seulement sur les routes que les lueurs clignotent. Se diriger vers elles, entrevoir ce qui s'anime. Mais cela effraie. Mais cela attire. Et soudain le bruit sourd de quatre ongles sur le sol. Le sol dur suffoque de ce qu'a eu de chaud le jour. Puis, à la place, le sable mobile, puis, à la place, l'herbe de nouveau dessous les pattes. Un grondement lointain. Plus proches les lueurs à mesure que la bête avance. Avancer à petits pas et de nouveau le bruit de socle et reculer, aussitôt : une lueur devenue lumière puis rendue phare se précipite, effleure l'animal et disparaît. Disparaître aussi alors ou courir plus vite. C'est cela, oui, courir un peu plus et des lueurs qui touchent presque mais finalement qui ne touchent pas. Et ainsi franchir les bruits et franchir les lumières, avancer par à-coups, attentif, aux aguets. L'animal rassuré et l'animal qui court vif et se hâte, fait sa foulée forte sur le sol, lance haut ses deux pattes vers l'avant car il semblerait, oui, que les lueurs ne touchent pas.

Mais comme sur la cage, cage rouille et sang, la bête fait rebond sur un renflement de fer, une tôle qui se nomme glissière. Comme dans la cage, chercher une issue. Remonter la glissière qui se tient à hauteur de garrot, renflement non plus au sol et à plat, mais dans les airs et comme debout. Suivre le cours imprimé par la tôle et buter plusieurs fois dessus. L'animal rebondit. S'affole. Gronde. Reprend son souffle et par là même ses esprits, se relance sur la droite et mène son galop hors les lumières de la route. La traverser de jour ou bien peut-être passer loin de là.

S'enfoncer, trouver un taillis, un arbuste, un roncier, des broussailles. Les doigts malhabiles sur des graviers qui font remblais ; les doigts plus alertes sur la piste des autres bêtes. Le sentier choisi exhale l'urine, le pissat d'humain, des laissées sans nom, des fèces canines. À mesure que la route devient rumeur, les odeurs s'altèrent et sous le groin ce ne sont plus que renards et blaireaux et chevreuils et belettes qui, pareillement, usent de la nuit pour vivre. Puis le chemin se fragmente en plusieurs. Trouver celui qui amène en culture. Une culture en coteau, sûrement, car des odeurs de vignes aux raisins verts encore mais pour la plupart déjà gonflés de pourpre. Sur les fruits se trouve ce que des machines postillonnent et dans les naseaux le goût de l'acide postillon, et dans les naseaux le goût d'une terre retournée pour qu'aucune herbe ne dépasse du sol. S'extraire des taillis et ainsi déboucher dans tous ces parfums.

Animal qui dérive, fouille, ingère, renifle, s'arrête et reprend une route pourvu que celle-ci conduise à ce qui nourrit mieux. Les vignes alors, puis un champ, puis des vignes encore et un vallon qui fait le pas plus léger et emmène là où l'on se baigne et où l'on boit. Une flaque, une mare, un trou d'eau et y plonger la tête pour en aspirer les bêtes. L'une d'elles fait un son pareil à l'oiseau mince, au hibou qui siffle en cuvette, lorsque cette bête-là s'émeut. Dans la gueule sitôt le chant émis. Avancer ainsi et voici que l'on boit et voici que l'on gobe et voici que l'on inspire, souffle, sent, écoute et que l'on repart.

Des graviers et puis de l'eau – s'y jeter encore. Mais rien qui ne poursuit cette fois-là, seulement une berge en face qui fait appel ou bien est-ce le frais de l'eau. Qu'importe : se baigner le corps entier, seul cela compte. Et de même que quand les chiens hurlaient, bavaient, traquaient, il s'en faut trotter dans la boue car les eaux sont basses, puis marcher mais sans un socle sous les ongles. Et nager, nager seulement, faire face au courant et reprendre le trot tandis que le socle resurgit, puis retrouver l'air et une rive.

En ce lieu nouveau, tout ce qui nourrit pousse bien en rang. En ce lieu nouveau, le rebut fait grand tas, monticule appétissant.

Rester en ce lieu un temps pour s'y repaître, ce malgré les bâches noires et bleues et transparentes.

Puis vivre en ce lieu pendant des jours et des semaines. Bien peu à son aise mais ce qu'il faut non loin, la bête en est sûre. Dans la gueule parfois les câbles, les bris de verre, les sacs bruns percés à coups de dents et tous les objets de plastique. Dans la gueule aussi les choses qui se collent à l'eau et même la colorent, les crachats acides qui, une fois l'an, pleuvent sur les champs. Les choses sont mêlées à l'eau, le mélange fait la fièvre. Alors le corps chaud sans le soleil et les soies de trop ; de la boue dans la bouche bien que l'eau soit lapée par de nombreux coups de langue. Fatigue du lieu et de ce qui s'y trouve.

Trop de bruit ou bien le goût des choses ou peut-être ce qu'elles sentent, on ne sait, mais voilà : repartir en ligne droite vers la forêt qui se tient devant. En suivre les indices, en traquer les bruits. Mais des bruits tout autres font barrière devant les arbres et la lumière redouble le mur. Lumière crue, bruits criards, odeur forte.

La bête hésite. Remonter la route de nouveau, s'arrêter parfois, puis humer pour s'assurer du gué, du pont, de la passe. Mais de gué, de pont, de passe, nulle trace. Alors reprendre la piste.

Ainsi donc les lueurs, les suivre et puis se fondre dans la nuit. C'est marre de chercher. Le pas sourd sur le sol, cela est désormais connu. Le pas souple à mi-chemin des arbres. Un talus. Une simple bande d'herbe. Puis, de nouveau, le pas sourd et tout autour les lueurs qui ne cessent. Tout cela très proche et jusque dans la chair. Les lueurs. La chair. Le choc.

CHAPITRE 7

DU GIBIER AU RÉSERVOIR DE PATHOGÈNES : HABITER LE TROUBLE SANITAIRE

À mesure que l'on densifie le nombre de sites d'élevage, qu'on les sépare de leur milieu naturel environnant, que l'on traite et vaccine massivement les animaux qui se trouvent confinés dans ces hangars, chaque germe devient potentiellement problématique, chaque nouvelle maladie prend un caractère épidémique[1]. Dès lors qu'elles s'avèrent porteuses d'une tique, d'une puce, d'un parasite quelconque infecté, des espèces sauvages entrent de plain-pied dans le domaine de la biosécurité. Parmi elles, entre autres, de multiples espèces de canards sauvages et d'oiseaux d'eau[2], le bouquetin[3], le blaireau[4] ou, nous le verrons ci-après, le sanglier. À mesure que des infections se propagent et provoquent des crises sanitaires, les institutions dédiées proposent une "reformulation des normes de contrôle de la population animale[5]" – normes que chaque cas renouvelle et qui, désormais, peuvent s'étendre à toute espèce, domestique comme sauvage.

Extension épidémique, généralisation de la biosécurité

Les sangliers font l'objet d'un tel enjeu depuis la fin des années 2010. Les acteurs de cette situation sont multiples. On compte parmi eux, en premier lieu, le sanglier, soit une espèce jugée sauvage ; la peste porcine africaine (PPA), un pathogène viral ; les porcs d'élevage, une espèce domestique à fort potentiel économique ; enfin, un acteur humain aux nombreux visages – gestionnaires, vétérinaires, épidémiologistes, représentants politiques, chasseurs – qui porte le problème à une échelle continentale, voire mondiale.

Examinons chaque acteur et, d'abord, ce pathogène qui donne son nom à cette crise. La PPA est une maladie inféodée aux suidés qui trouve son origine en Afrique subsaharienne. Dans cette région, les phacochères *(Phacochoerus sp.)*, ces cousins du sanglier que l'on voit dans les documentaires animaliers zigzaguer à grande vitesse dans la savane la queue dressée, sont résistants au virus et ne montrent aucun signe clinique de contamination. En effet, les jeunes sont infectés dans leurs premières années par des tiques qui cohabitent naturellement avec les populations locales, et développent alors une immunité pour le restant de leur vie.

Ce cycle naturel perdure depuis longtemps, mais a été perturbé ces dernières années. Avec la croissance des populations humaines, le nombre d'élevages et le nombre de porcs domestiques en leur sein se sont fortement multipliés en Afrique occidentale[6] et australe*. Les tiques ont fait de ces derniers un nouveau réservoir épidémiologique. N'ayant pas l'immunité de leurs cousins sauvages, les porcs d'élevage sont touchés de diverses manières par l'infection : fièvres, taches sur les oreilles et le museau, diarrhées, vomissements, tremblements des pattes, prostration, perte d'appétit, fausses couches chez les femelles. Avec l'essor de l'élevage et son inscription dans l'économie mondiale, le commerce d'animaux potentiellement porteurs de la maladie s'est accru. En effet, le virus a une durée de vie longue dans les produits transformés, allant de plusieurs semaines dans la viande congelée ou réfrigérée à plusieurs mois dans la viande fumée. Les produits infectés suivent les mêmes routes commerciales que la viande saine et la PPA s'est par conséquent étendue à des régions où elle n'avait jamais été présente jusqu'alors.

À ce cycle déstabilisé sur le continent africain s'est ajouté, dans les années 1960, l'élargissement de la contamination aux pays d'Europe du Sud, notamment l'Espagne et le Portugal qui mirent plusieurs décennies à l'éradiquer. En 2007, c'est le Caucase qui se trouve bouleversé par un cycle infectieux similaire, celui-ci se

* Selon les statistiques de l'Organisation pour l'alimentation et l'agriculture (FAO), en 2012, 75 % de la production porcine du continent africain était alors réalisée dans seulement 4 pays (Afrique du Sud, Nigeria, Mozambique, Ouganda).

développant dans les élevages traditionnels en plein air de porcs domestiques. Là, aucune éradication ne paraît envisageable. Depuis la Géorgie, la PPA s'est propagée rapidement vers les élevages de porcs russes, ukrainiens, biélorusses et ainsi dans tout l'Est de l'Europe. Le contrôle de l'épidémie échappe, et pour cause : la rencontre avec le sanglier a servi de puissant catalyseur.

Transmis à des populations sauvages, le virus s'avère plus difficile à contenir que dans un lieu clos. En moins d'une dizaine d'années, les populations de sangliers en Europe du Nord et de l'Est ont été infectées par le virus. La PPA se maintient désormais sur le continent sans nécessiter la contribution des porcs domestiques ou des tiques qui, à l'origine, portaient la maladie. Cette dernière s'est ainsi propagée dans les pays baltes, en Pologne et en République tchèque, en Slovaquie, en Hongrie, en Roumanie, en Belgique et dans les régions orientales de l'Allemagne. En devenant un réservoir épidémiologique endémique, les populations de sangliers de ces régions constituent de sérieuses menaces sanitaires pour l'industrie porcine européenne. Porcs et sangliers se transmettent le virus et la chaîne infectieuse peine à être brisée. Depuis 2017, il en est de même pour la Chine et la plupart des pays asiatiques.

Si la PPA ne touche que les suidés et ne met pas en danger les populations humaines, elle présente un taux de mortalité très élevé chez les animaux infectés. Les sangliers se contaminent aisément par le biais de contacts physiques ordinaires entre individus au sein d'un même groupe social. Dans une population nouvellement infectée, les effectifs diminuent rapidement et, logiquement, les interactions entre animaux aussi. La mortalité est plus importante encore si une pression de chasse continue s'y ajoute. Le virus, alors, semble disparaître quelque temps. Cependant, profitant d'une soudaine disponibilité du territoire, de nouveaux animaux en provenance de territoires voisins peuvent le coloniser et se trouver contaminés à leur tour au contact des cadavres infectés. Ainsi, ils créent une forme de persistance endémique du foyer de contamination alors qu'on pensait le virus disparu et, par les déplacements de proche en proche d'animaux nouvellement infectés, contribuent à la propagation de l'épidémie.

Avec la saison hivernale, la mortalité naturelle augmente. Les carcasses, mieux conservées par le froid et plus nombreuses, constituent alors une source importante de contamination pour d'autres individus. Le virus est en effet très résistant : de même que dans les produits porcins transformés, il persiste dans les viscères, le sang, la viande et les abats abandonnés par les chasseurs, ainsi que dans les urines et les fèces. L'environnement des animaux malades est durablement touché : les sols, les insectes décomposeurs et la végétation sont concernés et le virus n'en est que mieux propagé.

En milieu naturel, il est difficile de distinguer un animal sain d'un individu contaminé tant que des signes de la maladie ne sont pas visibles – et ceux-là ne le restent pas longtemps : en moins de dix jours, plus de 90 % des animaux malades décèdent. Les rares animaux qui survivent à la maladie sont considérés, en l'état des connaissances épidémiologiques, comme de possibles propagateurs, et ce, malgré l'absence de preuve. Comme pour d'autres espèces vectrices de zoonoses, les experts conseillent l'abattage et la destruction des sangliers potentiellement infectés.

Nous le verrons, d'aucuns vont plus loin, et militent pour l'extermination pure et simple de certaines populations locales de sangliers. Ce serait là une manière commode de résoudre le problème – commode, peut-être, mais guère pérenne sur le temps long, sans parler des implications éthiques. Par ailleurs, cette solution renvoie à la marge les facteurs humains participant de la propagation du virus. Pourtant, si des densités élevées de sangliers favorisent la circulation virale, le vecteur le plus efficace, sur de longues distances, reste le transport accidentel d'animaux vivants contaminés, de leur viande ou de n'importe quel sous-produit. Et si l'on songe spontanément à un camion ou à un train de fret, ce sont l'industrie agroalimentaire, son fonctionnement concurrentiel et les conséquences de celui-ci qui sont à l'origine de ces trajets.

C'est un tel mécanisme de transmission qui a fait surgir des foyers de contamination isolés et éloignés des lieux d'origine, comme dans la région de Varsovie en Pologne, dans le district de Zlín en République tchèque ou encore dans le Sud-Est de la Belgique en 2018. En comparaison, la propagation du virus entre sangliers vers les zones non contaminées est bien moindre. Elle a été évaluée à quelques kilomètres par mois. Sur une année, en fonction des conditions socio-environnementales des régions concernées, l'expansion de la maladie par le biais des suidés est ainsi estimée entre une dizaine et une trentaine de kilomètres. Et, là aussi, des facteurs anthropiques concourent aux valeurs hautes : les points d'agrainage et d'abreuvement aménagés par les chasseurs, de même que les champs où les sangliers se retrouvent, favorisent et augmentent les contacts entre eux. Des facteurs naturels sont donc en jeu, mais ces derniers restent intimement liés à des structures ou des infrastructures humaines. Entre autres phénomènes, la dispersion des jeunes ou l'éclatement des compagnies de sangliers lors des battues peuvent favoriser l'extension spatiale de l'épidémie, notamment dans les régions d'élevage de porcs en semi-liberté.

Réagir : confiner la maladie et organiser le dépeuplement

Comme pour chaque zoonose, lorsque les facteurs de propagation sont nombreux et les intérêts humains importants, l'ampleur de la crise semble difficilement surmontable. À situation exceptionnelle, on fait souvent appel à une réponse du même ordre. Observons successivement trois réactions récentes à une même menace, au Danemark, en Allemagne et en Pologne, avant de nous étendre plus longuement sur un cas à la frontière franco-belge.

En l'absence de vaccin, comme cela est testé, par exemple, sur les blaireaux pour la tuberculose bovine, la méthode jugée la plus pragmatique pour éviter et contrôler la propagation de l'épidémie de PPA est la réduction drastique de la densité des animaux. Ainsi, le développement de la maladie serait contenu, et sa forme ne pourrait devenir épidémique. Une telle méthode a un nom : il s'agit, dans les termes propres à l'expertise sanitaire, de réaliser une "dépopulation des animaux sensibles, immunisés et infectés". Autrement dit, d'éliminer tous les animaux susceptibles de porter le virus, afin de diminuer à la fois la taille de la population et les densités locales, ce qui réduirait les contacts entre animaux. Après la crise épidémique, lorsque la maladie revient à une phase dite "de présence endémique", une veille sanitaire, associée à une pression de chasse élevée et à l'enlèvement systématique des cadavres, devrait permettre de maintenir un très faible niveau de contamination, voire d'éradiquer le virus de la zone concernée. Ces méthodes sont bien connues pour contenir les différentes grippes aviaires ; on ne compte plus les reportages télévisuels auprès d'éleveurs de canards, dans le Sud-Ouest de la France ou ailleurs, dont l'abattage des animaux a été décidé en raison de la contamination d'un des individus. Pour la PPA, la "dépopulation" se fait à bas bruit et, surtout, change de dimension : elle ne concerne plus seulement des animaux d'élevage et domestiqués, mais s'applique à des animaux considérés comme sauvages.

Pourtant, là encore, industries agroalimentaires et institutions sanitaires influencent la teneur des mesures envisagées. Les défenseurs de l'abattage systématique de suidés suspectés d'être porteurs d'une maladie sont, avant tout, ceux qui sont menacés par le drame économique qui pourrait s'abattre sur leurs élevages ou sur les entreprises exportatrices auxquelles ils participent. Une réaction aussi radicale que celle-ci est notamment mise en œuvre aux États-Unis et en Australie pour endiguer une abondance non désirée. On y chasse depuis le cockpit d'un hélicoptère et piège les populations férales de sangliers à des fins d'annihilation. Si cela a pu être possible dans ces pays, c'est, comme évoqué plus haut, que le sanglier est bien loin de son aire de répartition originelle et, de ce fait, est considéré comme une espèce nuisible, exotique et envahissante.

Une telle préconisation semble difficilement applicable en Europe ou en France, régions où l'animal est un gibier de choix et reste pour certains un digne représentant de la nature sauvage du continent. À première vue, cela s'est trouvé respecté – mais, comme nous le verrons, à première vue seulement. Plutôt que de généraliser l'abattage des populations potentiellement touchées, plusieurs États européens ont essayé de contenir l'épidémie en certaines zones de leur territoire, ou de se prémunir d'une propagation en dressant des murs et des barrières à leurs frontières – jusqu'à ce que cela ne suffise plus.

Ainsi, dès juin 2018, le Danemark, seul pays européen à compter plus de porcs que d'habitants avec 215 cochons pour 100 habitants[7], engage 11 millions d'euros pour construire un véritable mur sur près de 70 kilomètres, le long de la frontière avec l'Allemagne, afin d'éviter l'arrivée de l'épidémie de PPA par des sangliers venant de l'est. Les enjeux économiques sont jugés trop importants par le gouvernement pour ne pas réagir : près de 90 % de la production de porc du pays est exportée, principalement vers l'Allemagne, l'Angleterre, la Pologne, la Chine et le Japon, ce qui correspond à 50 % des exportations agricoles danoises. Cette décision n'a pas souffert d'opposition sur son principe. Son efficacité, toute préventive, n'a pas été remise en cause : jusqu'à aujourd'hui, aucun cas de PPA n'a été déclaré dans le pays. La population danoise de sangliers semble en baisse et les caméras installées à la frontière par l'Agence danoise de la nature n'ont guère détecté de passages d'animaux.

L'année suivante, c'est au tour de l'Allemagne de convenir d'un dispositif physique. La situation est tout autre. Un millier de cas d'infections ont été détectés dans les populations de sangliers de l'Est du pays, le long de la frontière avec la Pologne. Dans un premier temps, il a été demandé aux chasseurs de réduire, voire d'arrêter, l'alimentation complémentaire aux animaux, puis de prélever davantage de bêtes et de récupérer soigneusement les cadavres. Mais, bien vite, en Allemagne comme en Pologne, on décide de suivre l'exemple danois. La mise en place de clôtures permanentes anti-sangliers semble une solution efficace, bien que coûteuse, pour protéger l'industrie porcine des deux pays. Car au même moment, la Chine suspend ses importations de porcs allemands et polonais ; dès lors, tous les moyens sont bons pour la convaincre de reprendre le commerce. De vastes portions de la frontière séparant les deux pays voient l'installation de clôtures sur son tracé. En tout, 300 kilomètres de barrières sont installés sous l'impulsion de l'Allemagne[8] entre 2020 et 2021[9] ; allant plus loin, la Pologne applique le même régime sur plus de 1 200 kilomètres le long de ses frontières avec l'Ukraine, la Russie et la Biélorussie. Commencée en 2020, la construction de la clôture polonaise devrait coûter, au total, plus de 50 millions d'euros.

La contention semble convaincre, mais ne suffit pas. En Pologne, plusieurs dizaines de milliers de porcs sont abattus au même moment dans le Nord-Est et l'Ouest du pays, ce qui génère de nombreuses tensions entre le gouvernement, les agriculteurs et les chasseurs sur la manière de traiter le problème, ainsi que sur le choix des ressources à mobiliser. D'autant que les animaux domestiques ne sont pas les seuls concernés ; dans tout le pays, ce sont des centaines de milliers de sangliers qui deviennent la cible de l'État et de l'industrie agroalimentaire. En 2019, 90 % des individus du pays auraient ainsi été abattus[10] – un abattage généralisé qui n'a d'égal que ceux régulièrement conduits dans des élevages porcins, aviaires ou ovins. Un tel massacre fait cependant s'élever quelques voix. Dénonçant le fait que le sanglier soit devenu "un bouc émissaire", écologistes et animalistes polonais ont multiplié les pétitions et les entraves aux battues au sud-ouest de la capitale[11] ; par ailleurs, un millier de scientifiques ont diffusé une lettre ouverte à l'adresse du gouvernement, lui intimant de trouver des solutions alternatives[12].

Une enquête de terrain reste à mener auprès des parties prenantes pour étudier la mise en œuvre de ce massacre et les oppositions qu'il a soulevées. Si le cas polonais a laissé peu de traces mobilisables pour celles et ceux qui n'ont pas pu se rendre sur place, une situation similaire s'est déclarée à la frontière franco-belge, laissant plus de matière à analyser.

Histoire belge

Jusqu'à l'automne 2018, les sangliers prospèrent dans les forêts et campagnes de Belgique. Mais, au mois de septembre de la même année, la PPA est détectée dans les populations de Wallonie, à une dizaine de kilomètres des frontières françaises et luxembourgeoises. Comme en Allemagne et en Pologne alors, comme au Portugal et en Espagne quarante ans plus tôt, la maladie menace l'élevage porcin du pays. Durant deux années, l'État belge, épaulé et stimulé par les marchés ainsi que les institutions européennes et internationales, va déployer à son tour un arsenal inédit pour éliminer la maladie de son territoire[13].

La nature du vecteur ne fait pas de doute : il est anthropique. Le pays infecté le plus proche étant la

République tchèque, la maladie a fait un "bond" d'au moins 1 000 kilomètres pour arriver en Belgique[14]. Plusieurs pistes sont évoquées pour l'expliquer. On dit que des attractifs employés à des fins cynégétiques, fabriqués à base d'urine de femelle en chaleur, auraient pu être importés depuis des zones contaminées, alors que le virus survit deux semaines dans les urines. Ailleurs, c'est le tourisme cynégétique international qui est incriminé, mettant ainsi en lumière cette pratique méconnue mais qui implique d'importants flux financiers : un chasseur serait revenu d'un pays contaminé avec un trophée ou avec des sous-produits porteurs du virus. Ailleurs encore, on mentionne une possible importation illégale de sangliers vivants en provenance de pays infectés par la PPA, pour alimenter les élevages déclarés ou non. Enfin, on suppose également que ce sont les restes d'un sandwich contenant du porc, jeté par un camionneur en provenance d'Europe de l'Est, qui pourraient être la cause de la propagation. Pour appuyer cette hypothèse, il est rappelé que c'est l'importation de viande contaminée en provenance d'Espagne qui a déjà été à l'origine d'un foyer de PPA dans des élevages belges dans les années 1980. Cet épisode avait alors été circonscrit par l'abattage de plusieurs dizaines de milliers de porcs.

En somme, un faisceau de causes probables a été identifié sans qu'aucune ne puisse être isolée. Qu'importe, la réaction ne se fait pas attendre : l'essentiel des élevages se situant dans le Nord du pays et en Flandre, un plan de crise se met en place afin de contenir l'épidémie en Wallonie. Là, de même qu'en Pologne à la même période, on décide du massacre des populations locales de sangliers. Car, contrairement à la précédente crise une trentaine d'années plus tôt, ce ne sont plus les porcs qui sont porteurs de la maladie, mais leurs cousins sauvages ; si l'agro-industrie est concernée au premier chef, c'est à ses marges que le problème doit être résolu, par le confinement et la destruction des animaux susceptibles d'être contaminés.

Les autorités belges décident d'élaborer un périmètre de 63 000 hectares interdits d'accès autour de 4 cadavres d'animaux découverts par un joggeur et par un forestier. Deux d'entre eux sont porteurs de la PPA. Dans le périmètre, une zone infectée est délimitée sur près de 2 500 hectares et entourée d'une zone tampon. Là, si aucune carcasse ou aucun indice d'animaux malades n'a été trouvé, il faut néanmoins éviter tout déplacement intempestif de sangliers. Les activités forestières et de chasse, les pratiques sportives et récréatives ainsi que le trafic routier sont interdits sur plus de 40 000 hectares. Une seule action est autorisée : rechercher des cadavres de suidés. Chaque carcasse découverte est immédiatement collectée et analysée avant d'être détruite, tandis que le lieu où elle a été trouvée est décontaminé. Dans une troisième zone, les activités d'exploitation forestières sont autorisées, mais la recherche d'animaux malades, morts ou vivants, est renforcée. Enfin, on permet aux activités humaines de se dérouler normalement dans une dernière zone dite "de vigilance", mais ses usagers sont invités à être attentifs à la présence d'indices de la maladie. Néanmoins, dès novembre 2018, ce périmètre délimité par les autorités nationales est supplanté par un autre, similaire par ses mesures et par son ampleur, mais coordonné selon la législation européenne.

La création de zones différenciées sur les cartes et l'imposition de mesures sanitaires sur le terrain sont accompagnées de la construction d'infrastructures afin de contenir les déplacements des animaux. Sur l'ensemble du périmètre, plus de 300 kilomètres de barrières d'une hauteur de 1,20 mètre sont installés. Des ouvrages similaires sont construits à la frontière française, le long des départements de la Meuse, de la Meurthe-et-Moselle et des Ardennes, départements dans lesquels est décrétée une "zone d'observation renforcée[15]". On attend de ces barrières deux effets : réduire la vitesse de propagation de la maladie sur ses marges géographiques ; favoriser des corridors où une dépopulation pourrait être envisagée sans que des animaux potentiellement infectés ne s'échappent du territoire.

Car le contrôle d'une zone donnée n'est pas l'unique réponse apportée par les autorités sanitaires. En complément de ces mesures destinées à limiter les déplacements humains et animaux, un plan d'éradication des porcs et des sangliers se met en place. Bien que les porcs d'élevage restent indemnes en Belgique, les sangliers présentent un risque pour l'élevage et, surtout, l'exportation de ces derniers. En effet, plusieurs pays suspendent leurs importations de porcs belges. En réaction, l'État décide d'euthanasier tous les porcs de la zone dite "infectée", soit plus de 5 000 animaux, et de créer une "zone blanche", "libre" de sangliers. Cette dernière n'est autre qu'une vidange sanitaire, inspirée par la gestion mise en œuvre quelques années plus tôt en République tchèque. Les chasseurs sont enrôlés pour effectuer la basse besogne d'éradication, peu importe que les animaux soient sains ou malades, jeunes ou vieux, mâles ou femelles, gros ou petits, leaders ou subalternes ; l'armée et la protection civile, elles, se chargent des cadavres.

Rapidement, les chasseurs sont mis au fait des diverses procédures d'abattage, des mesures de désinfection des lieux et de leur équipement, de leurs vêtements, de leurs véhicules. On les informe, aussi, de la nécessité du *reporting*, soit le fait de répertorier leurs actions, pour rendre compte en temps réel de leurs résultats. Les pratiquants ainsi formés reçoivent une compensation de 50 à 100 euros par animal abattu, selon la zone dans laquelle il l'a été. L'action de chasse se transforme en extermination localisée. Les plaisirs et rituels cynégétiques qui accompagnent d'ordinaire une battue et font de l'animal sauvage un gibier (la traque, les félicitations pour le tir, le partage de la dépouille, la saignée, la castration ou le vidage, les repas et les apéritifs[16]) sont interdits ; tout ce qui, selon les mots d'un anthropologue et chasseur, relève de "la communion qui permet la mort du gibier[17]" est prohibé : pour sauver l'élevage porcin du pays et les éleveurs belges qui en vivent, plus rien ne compte sinon le nombre d'animaux abattus et le respect des conditions de biosécurité.

Au fur et à mesure que les animaux se font plus rares et méfiants, la destruction par tous les moyens disponibles et à toute heure est permise. On ne laisse plus rien au hasard : pièges, enclos de capture, filets, attracteurs chimiques, lunettes de visée nocturne, silencieux, tous les accessoires envisageables, communément prohibés, sont recommandés. À l'instar des lieutenants de louveterie en France, les chasseurs sont définitivement des opérateurs de destruction. Pour certains observateurs ou chasseurs, le "massacre" est non seulement autorisé, mais requis et organisé par les autorités.

Depuis fin 2020, grâce à ces efforts, les populations domestiques et sauvages de suidés sont exemptes de PPA en Belgique. La région wallonne autorise à nouveau la détention et la circulation de porcs d'élevage. Toutefois, les mesures de surveillance et de contrôle des sangliers dans le sud de la province de Luxembourg sont toujours en cours en raison de la progression de la PPA en Allemagne orientale depuis septembre 2020[18]. Enfin, il serait naïf de penser qu'un tel déploiement s'est déroulé d'un seul côté de la frontière commune avec la France : à quelques kilomètres de distance, en effet, ce fut peu ou prou la même histoire.

Variation française

Deux jours à peine après que la PPA a été confirmée en Belgique, l'État français, à son tour, met en place un zonage double, comparable à celui imposé dans la région wallonne. Cent trente-quatre puis 112 communes des Ardennes, de la Meuse et de la Meurthe-et-Moselle sont concernées et font l'objet d'une surveillance épidémiologique renforcée[19]. En janvier 2019, à la suite de la découverte d'animaux contaminés en dehors de la zone belge officiellement infectée, à seulement 2 kilomètres de la frontière, une zone de dépopulation est là aussi décrétée. Des clôtures grillagées et enterrées sur 132 kilomètres succèdent aux clôtures électrifiées préalablement installées.

Toutes les activités, économiques ou de loisir, sont suspendues dans le périmètre identifié afin d'éviter la dispersion éventuelle d'animaux infectés. Puis, là aussi, tous les leviers réglementaires sont employés pour détruire les sangliers présents dans cette funeste zone blanche. La capacité cynégétique du territoire est massivement accrue : on enrôle des chasseurs locaux afin de mener des battues classiques et administratives avec le renfort des forestiers et de l'armée ; on chasse à l'affût sur les places d'agrainage et à l'approche sur les places d'appât ; on déploie des pièges photographiques pour resserrer la surveillance et on met en œuvre un piégeage physique, avec des cages mobiles et des enclos ; on ajoute à cela des tirs de nuit à l'aide de matériel de vision nocturne et, enfin, l'appui d'un hélicoptère de la gendarmerie nationale muni d'une caméra thermique haute résolution, pour débusquer les animaux les plus récalcitrants. Bien que les sangliers soient devenus assez rapidement difficiles à observer et à prélever en raison de cette pression de chasse inédite, ces efforts ont permis d'atteindre l'objectif initial de dépeuplement de la zone blanche, en tuant près de mille trois cents individus.

La mise en œuvre de ces mesures de biosécurité et la formation des chasseurs aux prélèvements ainsi qu'à la recherche active de cadavres ont permis d'éviter la contagion et de maintenir un niveau de surveillance élevé. Cette surveillance à l'égard des sangliers n'est en rien nouvelle : les maladies transmissibles entre espèces domestiques et sauvages sont nombreuses, et font l'objet d'une veille permanente. Rien que pour les suidés, des rapports sont fréquemment produits pour documenter les évolutions de la peste porcine classique, de la maladie d'Aujeszky* ou encore de la trichinellose**. L'épisode de la PPA à la frontière entre la France et la Belgique ajoute néanmoins une particularité à cette situation sanitaire dûment contrôlée : la mobilisation des chasseurs comme bras armé du contrôle sanitaire envisagé est inédite***. Si les représentants du monde de la chasse mettent en avant dans leur communication le rôle de sentinelles que peuvent avoir les adeptes dans le suivi de l'état d'une espèce ou de son environnement, les pratiquants locaux, bénévoles, souvent éloignés des considérations sanitaires, ne se retrouvent pas toujours dans ces discours institutionnels. Il est désormais fréquent de voir cohabiter dans les groupes de chasse, voire dans le discours d'une même personne, des sentiments très antagonistes. Parfois, il importe de faire son devoir de régulateur de la faune sauvage à problèmes – "Moi ça m'écœure, mais il faut bien faire le sale boulot, c'est de l'abattage pas autre chose, faut en abattre pas mal pour baisser les dégâts pour longtemps[20]", dit l'un. À un autre moment, il convient de

* Maladie virale très contagieuse qui concerne les porcs domestiques et les sangliers et accidentellement les chiens de chasse. Cette maladie n'est pas transmissible à l'homme.

** Parasitose liée à la consommation de gibier dont la cuisson de la viande a été insuffisamment complète et à cœur, la congélation souvent préconisée n'est pas fiable en raison de la résistance de certaines espèces de trichines au froid. Cette maladie est parfois mortelle si une grande quantité de larves a été ingérée, d'où une veille vétérinaire importante pour éviter les épidémies.

*** En février 2022, plusieurs cas de PPA sont confirmés sur des sangliers en Italie du Nord. Fin mai 2022, un foyer de PPA est confirmé dans un élevage porcin allemand situé à proximité de la frontière française. Un plan d'action a été aussitôt élaboré sous l'égide du ministère de l'Agriculture et de l'Alimentation afin de protéger le territoire français. Ce dernier articule prévention et surveillance, et prépare les différents acteurs (ceux de la filière de l'élevage porcin, comme les chasseurs et les services de l'État et des collectivités territoriales) à la lutte, dans l'hypothèse probable d'une arrivée prochaine sur le territoire national.

répondre à l'impératif d'une bonne gestion des populations de gibiers – "Merde, on ne doit pas tout tuer, faut à tout prix en garder pour l'année prochaine[21]", dit l'autre. Enfin, bien souvent, les affects resurgissent et ajoutent leur grille d'analyse – "C'est con à dire hein, mais ils sont malins, je les aime moi les sangliers, chez nous c'est les dernières bêtes sauvages non[22] ?".

Un point, et non des moindres, ne cesse d'interroger à l'issue de cet épisode : aucun des sangliers abattus ou des cadavres collectés côté français ne s'est révélé contaminé. En Belgique, en l'espace de deux ans, quelque 800 cas se sont avérés positifs sur les plus de 5 000 prélèvements effectués, la plupart au début de la crise. Des chiffres qui troublent grandement nombre d'observateurs, écologistes ou chasseurs, habitants ou simples citoyens, sur la nécessité d'un tel déploiement de force et de moyens comme sur le sens à donner à cette extermination. Pour certains, cette intervention démesurée se révèle être une tragédie animale.

Enfin, on le constate, à l'instar des ornithologues suivis par l'anthropologue Frédéric Keck en Asie du Sud-Est, les acteurs de la faune sauvage sont peu à peu mobilisés par les administrations nationales et supranationales pour mettre en œuvre une surveillance sanitaire[23]. Les sangliers, en ce cas, voient leur statut de gibier se transformer pour devenir des vecteurs d'épidémie ; plus largement, on leur dénie la qualité d'êtres vivants avec lesquels coexister – aussi compliqué cela soit-il – pour ne voir en chaque individu qu'un réservoir de pathogènes. De tels pathogènes hantent depuis plus d'un siècle notre quotidien comme celui, plus largement, des êtres vivants qui nous entourent des suites de l'évolution de nos modes de vie, d'alimentation et de consommation. Pour reprendre les mots de l'historien Gil Bartholeyns, nous vivons un *pathocène* qui demande de réarmer nos manières d'habiter le monde pour conjurer cette ère de vulnérabilité[24].

*

Résumons-nous. En prévention, il conviendrait de réduire drastiquement les populations de sangliers pour éviter toute propagation incontrôlable lorsqu'une épidémie se déclare. Quand cela s'avère être le cas, les alternatives sont nulles : on applique la même solution. Les populations concernées sont abattues, puis leurs cadavres détruits. Les sangliers propagateurs sont, dans cette affaire, aussi bien les perturbateurs et les victimes d'un système agroalimentaire fondé sur l'économie de marché et la globalisation des échanges. Un système qui est lui-même solidaire de ce qui l'a enfanté, soit la reproduction infinie du capital, quelle que soit sa nature, et la validation de cette relation marchande aux animaux par une idéologie néolibérale. Si ce que l'on a fait aux sangliers est désormais connu, si ce qu'ils nous ont fait faire l'est tout autant, dès lors, permettons-nous de poser une nouvelle question : quelle cohabitation envisager ? Comment vivre avec le sanglier ?

Il y a un camion plein de bêtes. Une bétaillère dit-on. Celui qui la mène est debout. Tout autour, un fond noir sur lequel crachotent les lueurs. Elles ne s'arrêtent pas de briller. Deux d'entre elles ceignent la silhouette, en découpent l'ombre. L'homme est debout, une main levée et un téléphone dans celle-là. Dans l'autre, une matière pesante. C'est un collier d'une couleur jaune et, dessus, des baies rouille et sang. Sur la tôle, la carlingue, la carcasse de ferraille, on voit ces mêmes plaques rouille et sang. Le moteur est à l'arrêt et un sanglier repose inerte sur le sol.

CHAPITRE 8

DE LA GÉOPOLITIQUE LOCALE À LA ZOOPOLITIQUE GLOBALE

Partons de ce que l'on connaît, pour l'avoir fréquenté un temps et, parfois, continuer de le faire. Prenons donc deux cas[1] qui nous sont familiers pour tenter de saisir ce qui se joue, en un lieu donné, lorsque les sangliers se mêlent des affaires humaines – et qu'en retour nous nous mêlons des leurs.

Le Valbonnais

C'est un chapelet de villages dont les habitants et habitantes ne sont que quelques centaines. C'est, aussi, une vallée encaissée des Alpes portée à 800 mètres d'altitude, dont les versants sont pour certains tapissés de hêtres, de sapins et d'épicéas, pour d'autres laissés nus. C'est, enfin, à la fois un haut lieu touristique, les limites d'un parc national, un territoire de chasse et une zone cultivée ou pâturée. Et au milieu de ce paysage vivent des sangliers que l'on dit "ravageurs" et qui se cacheraient dans des recoins par nature inaccessibles ou rendus tels par des décrets protégeant de vastes zones du territoire.

Là, des collectifs humains se font ou se défont au gré de l'emploi, de la tradition, de l'évolution de la situation locale ; parfois, c'est au sein même de ces collectifs que des dissensions apparaissent. Par "collectifs", il faut entendre chasseurs et chasseuses, agriculteurs et agricultrices, forestiers et forestières, agents et agentes du parc national des Écrins, tous et toutes également habitants – et parfois cela seulement, ce qui est déjà beaucoup. Jardins, cultures et prairies sont sujets à des dégâts récurrents dont l'impact financier est peu élevé mais non négligeable pour cette zone où faire pousser des céréales est contraint par le relief et le climat. Néanmoins, les accusations s'échangent volontiers, et la responsabilité des dégâts échoit à divers acteurs : pas assez de chasse ou pas comme il le faut ; un manque de protection des champs et des pâtures ; une protection du milieu et, par conséquent, de l'espèce à l'inverse trop contraignante dans le cœur du parc.

Les institutions cynégétiques départementales et locales font alors de cette zone centrale, au statut de conservation élevé, une zone de conquête où l'on demande d'étendre la chasse pour mieux réguler les sangliers à l'origine des troubles. Pour examiner cette demande, l'établissement public d'État, créé en 1973, consulte les membres de son conseil scientifique. Ceux-ci envisagent la possibilité de conduire des battues silencieuses sans chien pour décantonner les sangliers et les guider vers les zones chassées, mais seulement si la chasse dans les territoires voisins fait preuve de son inefficacité et, donc, de son incapacité à résoudre seule le problème. Dans le même temps, quelques scientifiques, écologues et géographes, s'ajoutent aux acteurs déjà cités. Ils installent des pièges photographiques le long de sentes identifiées, ainsi que des cages appâtées en maïs pour capturer des sangliers. Après de longs efforts, quelques individus sont enfin isolés, équipés de colliers GPS, puis relâchés. Les tracés cartographiques produits par les déplacements des animaux sont rapidement mis en discussion avec les chasseurs, les forestiers, les agriculteurs, les élus et les agents du parc. Ensemble, on observe que si certains animaux trouvent bien refuge dans la zone cœur dès que la chasse est ouverte, ils en sortent aussi régulièrement – et causent éventuellement des dégâts dans la plaine agricole ; on observe, également, qu'en moins de trois mois les animaux équipés sont tués.

Ce suivi scientifique des déplacements des animaux a permis de montrer un phénomène simple en apparence, mais déterminant : si des sangliers sortent de la zone cœur chaque nuit et causent des dégâts dans la plaine, tous les sangliers responsables des dégâts ne viennent pas seulement de la zone cœur. Ils trouvent également refuge en altitude, dans les zones potentiellement chassables mais dont l'accès est rendu difficile par les pierriers et l'exigence des reliefs. À la suite de ces conclusions, une augmentation des prélèvements a été décidée par les parties prenantes, et s'est avérée efficace pour réduire le nombre de sangliers jusqu'en zone cœur, ce qui a conduit à diminuer les dégâts ailleurs. Dans le contexte actuel, sous réserve que les sociétés locales continuent de s'organiser et de se coordonner, la chasse telle qu'elle est pratiquée sur le secteur a un effet observable sur tout le territoire, quel que soit le niveau de protection de l'espace. Dans ce processus de concertation, les tracés GPS ont servi de support de discussion. Ils ont permis de stimuler la curiosité et les réactions des participants, produisant des tentatives d'explication et leur mise en débat. Les cartes proposées, malgré leurs limites, ont contribué à objectiver l'information sur les déplacements des individus équipés et ont montré l'importance des spécificités locales dans les agissements d'une espèce donnée. Enfin, au terme de cette étude de deux années, il est apparu indispensable que le parc national, en coordination avec les représentants locaux et départementaux des chasseurs, poursuive l'animation d'une concertation régulière, et s'assure que la communication perdure bien entre chasseurs, agriculteurs, agents et habitants. Enjeux que l'on a retrouvés sous d'autres formes sur les rives du Gardon.

Les gorges du Gardon

Moins pittoresques que les gorges du Tarn, moins profondes que celles du Verdon et moins fréquentées que celles de l'Ardèche, les gorges du Gardon n'en restent pas moins spectaculaires. Situées à quelques encablures de Nîmes, en amont du pont du Gard, elles forment un canyon qui s'étend sur une trentaine de kilomètres. Sur les hauteurs règnent la garrigue et les terres agricoles. Bordé d'un plateau, le site est désormais triplement labellisé : le pont du Gard a été classé au patrimoine mondial de l'Organisation des Nations unies pour l'éducation, la science et la culture (Unesco) et les gorges ont été reconnues Grand Site de France et intégrées dans une réserve mondiale de biosphère par l'Unesco également. Instances nationales et internationales cherchent en ces lieux à préserver des paysages de qualité, à concilier activités humaines et conservation de la biodiversité. Des espèces restent emblématiques de cet effort, parmi lesquelles les aigles de Bonelli *(Aquila fasciata)*, les vautours percnoptères *(Neophron percnopterus)*, les castors *(Castor fiber)* et les loutres d'Europe ainsi qu'une vingtaine d'espèces de chauves-souris.

Cependant, les dégâts agricoles se multiplient sur le plateau. On dit que les sangliers viendraient des zones classées par arrêté préfectoral, destinées à assurer la quiétude des sites de reproduction des aigles et des vautours. Qu'ils y trouveraient refuge. Bien que ces zones soient chassables durant l'essentiel de la saison cynégétique, les sociétés locales demandent à y chasser davantage encore, assurant que la régulation serait plus efficace. À défaut, les gestionnaires des zones protégées sont invités à financer les indemnisations aux agriculteurs à la place des chasseurs. À tort ou à raison, avec les outils qui sont les leurs, quelques chercheurs et chercheuses, de nouveau, s'en mêlent. Des pièges photographiques sont déployés, des cages sont installées. On capture quelques dizaines d'animaux, immédiatement équipés de colliers GPS. Les résultats ne tardent guère : on ne constate pas d'effet refuge. Lors des battues, les animaux ne prennent pas la direction des trois zones protégées, d'une centaine d'hectares chacune, pour s'y réfugier plus qu'ailleurs. On ne détecte pas de flux particuliers d'animaux à leurs limites. Dans cette garrigue, les sangliers se moquent des statuts protégeant ou non les milieux, puisque le terrain accidenté leur est partout favorable. Les zones de quiétude sont difficiles d'accès pour les chasseurs autant que pour les chiens. La végétation est dense et les pentes sont abruptes, à ce point que la délimitation d'un espace protégé ne les concerne guère. Là aussi, les tracés GPS obtenus sont discutés avec les chasseurs, les agriculteurs et les gestionnaires des zones protégées. Ensemble, on découvre que certains animaux multiplient les remises, on constate l'ampleur des déplacements et l'absence d'effet réserve. D'aucuns trouveraient de tels résultats plutôt frustrants ; pourtant, le but de ces outils n'est pas de valider telle ou telle conception *a priori*. Il s'agit de constituer un cadre de travail commun, pour partager les connaissances et relancer les discussions sur des bases communes. Là encore, l'enjeu est désormais de maintenir le lien social, de comprendre et d'anticiper la mobilité du sanglier plutôt que de chercher des responsables chez les protecteurs de la nature. Bref, il s'agit de réfléchir à une nouvelle cohabitation avec le sanglier.

Penser le politique par le sanglier : sortir du seul régime gestionnaire

Au XXIe siècle, on vient de le saisir encore avec ces deux exemples, le sanglier est parmi nous, il se caractérise par sa spontanéité biologique et l'imprévu. Il contrarie la domestication, il résiste à la domination, il déborde de nos projets de civilisation et de mise au pas du vivant. Dans chacune des situations observées, la solution instinctivement proposée pour contrevenir aux dégâts dans les cultures consiste moins en un changement des pratiques cynégétiques et gestionnaires qu'en l'extension du domaine de la chasse, jusque dans des espaces protégés jugés responsables. Le sanglier, comme d'autres espèces pouvant occasionner des dégâts, sert d'utile bouc émissaire pour dissimuler une politique agricole commune localement inadaptée ou une météorologie capricieuse. Dans ce contexte, adopter un discours offensif à l'égard des sangliers, ainsi que celles et ceux qu'ils concernent, peut servir des enjeux de pouvoir quant au devenir du territoire. Pour nombre de chasseurs comme pour certains habitants et habitantes, les véritables menaces environnementales sont liées à l'abandon des terres productives ainsi qu'à son appropriation publique – en d'autres termes, sa mise sous protection ou tutelle écologique[2]. Dénoncer les animaux permet de s'en prendre indirectement aux services de l'État et à ses agents. Dans le même temps, qu'ils soient considérés comme des "apprentis sorciers" ou des "pompiers pyromanes", les anathèmes à l'encontre des chasseurs et de leur gestion de l'espèce se multiplient. En clair : quels que soient le responsable désigné, l'échelle considérée, on ne s'en sort pas.

Pour beaucoup d'observateurs critiques, les solutions les plus évidentes consisteraient à revenir au plus près de conditions identifiées comme naturelles : ne plus nourrir ni abreuver les animaux, ne plus réaliser de lâchers, encore moins d'effectuer des croisements entre des espèces sauvages et domestiques. Si le nombre de battues de régulation s'accroît, il est contradictoire que des pratiques cynégétiques conservatrices se perpétuent par ailleurs. En somme, il s'agirait de revenir au "sanglier sauvage" d'une part, en même temps qu'à une "chasse plus éthique et moins interventionniste" d'autre part, ainsi que le promeuvent les partisans d'une pratique écologiquement responsable. Pourtant, si l'on suit cette injonction, la nature deviendrait le véritable agent régulateur du sanglier, le chasseur l'un de ses moyens, parmi d'autres. Si l'on songe aux tonnes de plomb déversées chaque année sur les sites de chasse, aux déplacements nécessaires pour rejoindre les sites tendances du tourisme cynégétique mondial ou, encore, au simple fait que des animaux soient relâchés dans le but d'être tués, le comportement écologique des chasseurs interroge néanmoins.

Il semble bien illusoire de n'envisager le sanglier que selon les termes d'une "nature" difficile à circonscrire. En plus d'être sujet au moindre de nos aménagements, le sanglier s'y adapte, et réagit aux manières proprement humaines d'organiser l'espace. Envisager sa régulation comme nécessaire ou, au contraire, l'interroger n'est pas une réflexion abstraite, élaborée à partir de modèles. Considérer les animaux comme des agents sinon des opérateurs politiques permet de montrer que leur prise en charge implique des enjeux socioéconomiques et dévoile des enjeux de pouvoir certains. Proche de l'évidence, on pourrait donc affirmer que les sangliers sont devenus des animaux politiques, au sens où ils sont concernés par les actions humaines autant qu'ils y prennent part. Le nombre d'acteurs mis en branle par cette espèce n'a fait que croître avec le temps. Ces derniers, privés, publics et parapublics, voient leurs intérêts s'affronter, leurs expertises entrer en concurrence, leurs projets être discutés et disputés, les règles préalablement établies sans cesse renégociées. Rendre visibles les enjeux politiques propres à la prise en charge du sanglier et les rapports de force qui influencent les affaires publiques n'est pas toujours aisé. Néanmoins, la politisation du sanglier permet d'en faire un enjeu public, au-delà des instances du monde cynégétique. Cela donne aussi la possibilité d'envisager les dimensions éthiques, sociales, éthologiques de l'espèce, autant d'éléments souvent éclipsés par le discours biologique, technique, gestionnaire et, surtout, cynégétique.

Depuis une cinquantaine d'années, le sanglier fait l'objet d'une réglementation de plus en plus touffue. Concomitamment, on l'a vu, ses populations se sont accrues dans des proportions importantes, de même que la pression de chasse et de régulation les concernant. Cette administration cynégétique a façonné le rapport social au sanglier que l'on connaît aujourd'hui. Quelques actions types organisent désormais la gestion des populations de sangliers : conserver, chasser, prévenir, indemniser – autant d'actions qui élaborent une forme d'économie morale à l'égard de cette espèce. Cette standardisation quant aux réponses qu'implique chacun des comportements du sanglier, comme espèce ou comme individu, met plutôt à l'écart les réactions que suscitent habituellement les relations entre humains et animaux en termes de justice sociale et environnementale.

Un régime gestionnaire inédit, propre aux sangliers, s'est ainsi imposé à partir des années 1970-1980. Les pratiques contribuant au développement des populations ont vite été associées à celles prévenant (clôtures, cultures à gibier) et indemnisant les dégâts agricoles, avant que la régulation ne s'impose comme unique solution. Un tel régime gestionnaire repose sur l'instauration, puis l'imposition progressive d'une approche exclusivement cynégétique de l'animal, ce dernier n'étant plus considéré que comme une espèce gibier ou nuisible. Impliquée d'un bout à l'autre de la vie des individus, seule la chasse serait légitime à décider et agir sur eux. Ainsi, la "cynégétisation" de l'animal a permis de simplifier, normaliser et stabiliser la relation que les humains lient avec les sangliers. En contraignant les prérogatives des propriétaires fonciers et en octroyant un statut légal à l'animal, le droit est venu valider cet état de fait. Dépassées par leurs responsabilités, les institutions cynégétiques cherchent désormais à étendre celles-ci aux chasseurs locaux, aux communes et aux espaces protégés, sans délibération aucune.

La quête sans cesse reconduite de paix sociale invite à une redéfinition des rapports de force et des enjeux liés aux bouleversements des territoires ruraux, cela bien au-delà de l'appareil cynégétique, réglementaire et technique mis en place. Désormais, d'autres systèmes de valeurs s'expriment parmi les habitants, les usagers de l'espace rural, les propriétaires et même les chasseurs. Au-delà des postures politiques portées par les représentants de chaque activité humaine, on observe de nombreux arrangements locaux propres à chaque entité géographique, dont les animaux, comme l'illustrent les sangliers, ne sont pas exempts[3]. Dans ce contexte, certains services de l'État et quelques chercheurs et chercheuses tentent d'intervenir comme médiateurs. Ils reformulent, chacun à leur manière et selon leurs moyens, les problématiques socioéconomiques et écologiques en autant d'enjeux de cohabitation au sein du territoire en question. Ces approches, menées par le truchement de travaux scientifiques combinant écologie spatiale, éthologie et géographie sociale, rendent visibles certaines formes de vie et d'assemblages entre humains ou non-humains jusqu'à présent éludées. Elles contribuent ainsi à nourrir les débats et invitent à créer des arènes spécifiques dans les territoires concernés pour discuter au-delà des domaines cynégétiques et agricoles. En somme, il s'agit d'expliciter la mise en politique du sanglier et son régime gestionnaire pour les rendre accessibles à tous.

Or, dans l'espace comme dans nos imaginaires, les animaux sont des êtres de mouvement. À cet égard, il convient de revisiter la notion de *coexistence* entre humains et grande faune, là où l'on tend trop souvent à spécialiser l'espace (ici l'agriculture, ailleurs la protection de la nature) et ainsi à dissocier les territoires, y compris les plus fonctionnels. Pour ce faire, on peut souligner que ces relations sont toujours celles *d'existences enchevêtrées*. Comme ont pu le montrer dans d'autres contextes Anna Tsing[4] ou Thom Van Dooren[5], chaque individu ou espèce implique une cohorte d'êtres vivants ou d'artefacts qu'il serait vain de ne pas considérer d'un même élan. Pour certains animaux sauvages, notamment les grands prédateurs, cela peut conduire à respecter leur souveraineté sur les territoires que l'on a en partage, et à prendre acte des obligations qui en découlent[6].

Pour explorer ces enchevêtrements situés, nous avons lié sciences sociales, littérature et sciences naturelles. Nos outils sont aussi divers que ces disciplines : enregistreurs et colliers GPS, pièges photographiques, enquêtes sociologiques ou ethnographiques et narrations. Parce que les mots peuvent être aussi fuyants que les bêtes, il nous a semblé opportun d'enregistrer leurs allées et venues respectives et, lorsque le besoin s'en faisait ressentir, d'éteindre l'outil, de laisser filer, de simplement regarder ou écouter. Aussi est-il nécessaire d'interroger cet usage. Le sanglier étant, comme beaucoup d'animaux, un être de fuite cherchant à se dissimuler, la télémétrie, associée aux pièges photos et aux recherches d'indices, d'effluves et de traces sur le terrain, nous a permis d'approcher le mode d'être au monde de l'animal. Avec la narration, ensuite, nous sommes revenus "à hauteur d'animal", là où les projections cartographiques permettaient d'accéder à une vue d'ensemble, propre à cet idéal de surplomb que Merleau-Ponty avait repéré dans la science moderne[7]. Le but, dès lors, était de comprendre ou de mieux cerner l'éclipse, l'effacement de l'animal[8], comme sa chasse et sa poursuite. L'usage d'une technologie ou d'une autre n'est pas neutre ; réinsérer nos choix dans une compréhension plus large de la généralisation du suivi – cynégétique, sanitaire, scientifique ou ludique – des animaux nous a semblé nécessaire.

De l'animal invisible à l'animal télémétrique[9]

Le pouvoir de se soustraire au regard d'autrui, à tout instant, ne serait-il pas le propre d'une vie animale aussi complète que légitime ? Si cette proposition semble simple, le repli dans l'invisible n'est souvent pas permis aux animaux. Faudrait-il en conclure que, d'animaux, il n'est plus question ? Ou bien que ces derniers ne sont plus que des moitiés d'eux-mêmes, amputés par la fragmentation des milieux naturels, l'accroissement de la pollution lumineuse, les perturbations climatiques ou simplement la maîtrise que les humains leur imposent ? Suivons Jean-Christophe Bailly dans l'une de ses intuitions : "[L]e libre passage de la visibilité à l'invisibilité [...] est comme la respiration même du vivant[10]." Les animaux dont le libre mouvement d'un état à l'autre, du visible à ce qui ne l'est pas, est entravé par l'action humaine perdent, en plus d'une certaine autonomie, leur qualité même d'êtres vivants. De cela, évidemment, les sangliers ne sont pas exempts. En prenant la fuite, l'animal échappe, à la vue comme au contrôle. Aussi nous a-t-il fallu enclore pour contenir, et ainsi maîtriser ou ne pas perdre de vue. En cela, satellites et balises nous ont été d'utiles relais pour approfondir ce que l'on pourrait faire résonner avec un élan diplomatique à l'égard des animaux et de ceux qu'ils concernent localement ; on pourrait aisément nous rétorquer qu'il s'agissait plutôt d'étendre volonté de savoir et désir de contrôle.

La nécessité de clore pour voir n'est pas une nouveauté. L'observation des augures par les Étrusques puis les Romains pour y déceler des signes avait comme condition l'établissement d'un cadre imaginaire, le *templum*, afin de découper le ciel en un tableau que les oiseaux traversent[11]. Reprendre le monde et lui donner un sens passaient et passent encore par la segmentation de son périmètre d'observation. Mais là où les moyens techniques étaient dans l'Antiquité assez réduits, ils sont aujourd'hui si développés qu'ils permettent de suivre en temps réel un nombre grandissant d'individus d'espèces multiples, et ce sur la quasi-totalité de la Terre. Les déplacements des animaux, pour fuir, se cacher ou se fondre, constituent moins une parade au regard humain qu'un objet d'intérêt scientifique et sanitaire, un domaine à explorer en soi, pour soi – pour nous – ou pour l'intérêt général. Il s'accompagne d'un déploiement technologique sans précédent censé répondre à la réduction des possibilités de déplacements animaux[12] en même temps qu'à une "extinction de l'expérience[13]" touchant à la fois nos émotions, nos attitudes et nos comportements à l'endroit de la nature ainsi que notre connaissance – phénomène nommé également "crise du déficit de nature[14]" ou "crise de la sensibilité[15]" jugée critique. Ainsi, des webcams contemplent par exemple en continu un groupe d'ours chassant le saumon dans un parc national d'Alaska, un couple de cigognes blanches *(Ciconia ciconia)* sur son nid en Camargue ou une famille de gorilles de l'Est *(Gorilla beringei)* au cœur de la forêt équatoriale de la République démocratique du Congo. Alors que certains saluent ce type de dispositif pour le potentiel de découverte qu'il recèle, un malaise succède à l'émerveillement devant ces images. En plus d'être par trop voyante, l'humanité serait devenue voyeuse, imposant à l'ensemble du vivant ses techniques d'observation. Surveillance et spectacle se replieraient l'un sur l'autre[16].

On peut poursuivre les réflexions de Walter Benjamin sur ce qu'a impliqué en son temps la reproductibilité technique permise par la photographie. L'*aura*, qu'il définissait comme "l'unique apparition d'un lointain, si proche soit-il[17]", se perd dans l'accès déterritorialisé à une situation ou à une œuvre donnée. La faune sauvage, rendue accessible en direct sur un écran, se voit enfermée sous une forme qui complète celle du zoo – ou de l'engrillagement sanitaire. Si la massification des données*, des images et des tracés GPS suivant les déplacements

---

* En 2016, une entreprise comme Argos, dont le nom est devenu la métonymie d'un système de géolocalisation satellitaire, pouvait se targuer d'avoir équipé 100 000 animaux en trente ans. En 2021, la banque de données spécialisée en écologie spatiale, Movebank, affichait pour sa part des milliards de localisations

animaux permet d'être plus précis sur leurs comportements et leurs réactions face à ce qui peut les mettre en danger[18], l'autonomisation du processus peut également mener à un amoncellement d'informations inutiles car inutilisées[19]. Aussi, l'observation permanente et décontextualisée qu'impliquent GPS et caméras met les animaux suivis dans une situation qui, selon un géographe, "n'est pas encore panoptique, mais dont l'intention – et peut-être les capacités – est claire[20]" : surveiller de manière discontinue mais sous un regard potentiellement permanent. Si des résultats scientifiques déterminants peuvent découler de celui-ci, sa mise en œuvre constitue aussi la violation de qualités propres aux animaux et participe, par une "veille permanente", à la "numérisation du monde[21]".

Par ailleurs, d'aucuns appellent à faire communiquer les études sur la mobilité des humains et celle des autres animaux. Les premières, stimulées par les données issues de l'utilisation de la géolocalisation, informent désormais les secondes[22], et certains courants plaident aujourd'hui pour un partage des recherches au sein d'une même discipline unifiée[23]. Certaines voix s'élèvent depuis le champ même de l'écologie. Comme l'ont indiqué Mark Hebblewhite et Daniel T. Haydon à propos des opportunités offertes par la généralisation de l'utilisation de la technologie GPS en écologie, "plus de données n'apporte pas nécessairement une meilleure connaissance et une meilleure compréhension de l'écologie animale et de la conservation[24]". Cela semble évident, mais la discipline compte encore bien peu d'approches critiques allant dans ce sens[25]. Pourtant le coût de l'appareillage implique des échantillons d'animaux étudiés plus restreints, la finesse des données amène à valoriser les échelles les plus fines, au détriment de perspectives plus générales, pourtant privilégiées par la

---

enregistrées, des milliers d'études informées et des animaux de plus de 1 000 taxons équipés.

biologie de la conservation. De plus, la disponibilité de ces données en temps réel sur des serveurs et la constitution de réseaux les partageant déconnectent de plus en plus les chercheurs et chercheuses de la matérialité de leur terrain de recherche.

Allant plus loin, c'est l'acte d'appareillage lui-même qu'il conviendrait d'étudier. Qu'impliquent, matériellement et éthiquement, la capture, l'équipement d'une balise GPS ou Argos, le suivi continu des déplacements d'un animal ? À cela s'ajoute un traitement différencié du suivi en fonction des espèces et de ce que l'on attend de ces dernières. Ainsi, les publications d'écologie spatiale à propos des sangliers, qu'elles soient issues d'un organisme gestionnaire tel que l'OFB ou de laboratoires de recherche, se concentrent jusqu'à présent sur les déplacements en milieu agricole[26], sur les dégâts produits par l'espèce, sur ses réactions spatiales à une situation de chasse[27], sur la percolation d'une maladie dans une population donnée[28] ou sur la redéfinition de son domaine vital en fonction des évolutions démographiques[29]. Comme la sociologie des sciences l'a confirmé, la question posée influence nécessairement la réponse attendue[30]. Aussi, rares sont les études posant des hypothèses inattendues, dont les résultats sortent du commun. Les questions que l'on adresse aux ongulés sont majoritairement orientées par le but de limiter leurs effets sur l'économie humaine. Concernant les sangliers, la conservation n'est en aucun cas avancée comme hypothèse de travail – la régulation ou la destruction, bien plus. Ainsi, la militarisation de la conservation et de la gestion de la faune sauvage n'est pas un processus à l'œuvre – et la plupart du temps subi – dans les seuls pays de l'hémisphère sud. La crise entraînée par la généralisation de la PPA sur le continent européen a été endiguée, et continue de l'être, par des dispositifs proprement militaires, qui ne sont pas sans rappeler d'autres situations.

Des sujets, non des flux

Il peut être maladroit, voire malvenu, de mettre en correspondance des phénomènes concernant la faune sauvage et d'autres relatifs à des groupes humains opprimés. Loin de simplement "[laisser] songeur[31]" ou introduire un "trouble[32]", comme il a pu être dit de l'utilisation d'une technologie servant à la surveillance des frontières afin d'observer des loups, la collusion de certains événements ne peut en aucun cas être éludée. Ainsi, au moment même où des murs étaient édifiés à certaines frontières européennes pour contenir des populations de sangliers jugées indésirables, d'autres étaient en cours de réalisation afin de contraindre les déplacements d'humains réduits à des flux. Comme l'explique l'anthropologue Ghassan Hage, "le fait d'établir une analogie conceptuelle et de révéler des similitudes et des ressemblances entre deux processus n'implique pas l'existence d'une relation réelle entre eux[33]". C'est, poursuit-il, l'occasion de mettre en évidence une même "logique de domination", voire, si l'on suit les travaux qui ont pu être conduits en Inde ou en Afrique australe[34] sur la grande faune qui y vit, la marque d'une commune utilisation et exploitation de groupes vulnérables à des fins politiques. Les philosophes écoféministes ont depuis longtemps montré à quel point des discours et des actions pareillement destructeurs pouvaient concerner humains, environnement et autres animaux[35]. Comme pour mieux servir ce terrible état de fait – et en faire une force –, l'anthropologue Jean-Louis Edogué Ntang a pu relater la curiosité mutuelle et la cohabitation qui parfois s'instaurent entre personnes migrantes et certains animaux. Ce fut, pour sa part, avec les sangliers d'une forêt marocaine que l'urbanisation oblige à se réfugier dans les bois[36].

Cette collusion historique et géographique s'est produite au moment même où les biologistes de la conservation travaillaient à la mise en œuvre d'une coopération transfrontière pour faciliter la circulation de la faune sauvage[37]. Si ces barrières – temporaires ou permanentes – sont efficaces pour limiter la diffusion de maladies liées à la faune sauvage, elles peuvent favoriser ponctuellement des zones de quiétude pour certaines espèces vulnérables dans quelques no man's land mais représentent également de sérieuses menaces : à la mortalité par étranglement ou électrocution lors des tentatives de traversées s'ajoutent des difficultés accrues pour avoir accès aux ressources saisonnières et le risque de voir les échanges génétiques entre populations animales se réduire – échanges garants, pourtant, de la bonne santé de ces groupes. En 2016, l'Europe comptait plus de 2 800 kilomètres de barrières, avec des impacts documentés sur la circulation des ours, loups, lynx, sangliers, cerfs, chevreuils, chamois, élans, rennes et bisons européens[38].

Les situations conflictuelles entre non-humains et humains, que ce soit à l'occasion de prédation, de déprédation, d'extinction ou de réintroduction, sont étudiées de façon croissante[39]. Néanmoins, elles mettent avant tout l'accent sur les jeux d'acteurs, les dimensions stratégiques et ethnologiques qui sont impliquées, et délaissant le plus souvent l'animal – et son étude en tant que sujet – à l'origine des reconfigurations sociologiques et territoriales. L'agentivité des animaux n'a été considérée que dernièrement avec le développement, en géographie notamment, d'une approche portant spécifiquement sur les animaux, à l'égal des humains qui agissent, directement ou indirectement, sur eux[40]. Certes les animaux déstabilisent nos catégories d'analyse, sociales comme spatiales. Mais dans quelle mesure ? Par quels moyens ? Comment transgressent-ils nos zonages fonctionnels et sortent-ils des places qui leur sont assignées pour construire leurs propres territoires ? Pour le dire avec les mots d'un des ouvrages fondateurs de la géographie animale, quels sont, dans nos territoires, “les espaces des animaux et la place des bêtes[41]” ?

Il devient crucial d’explorer cette série de questions pour déborder des traditionnelles analyses des relations entre humains et animaux sauvages[42]. Si les animaux, comme toute entité à l’heure du big data, ont des comportements en partie modélisables, ils varient, de même que leurs préférences. En effet, ils se déplacent dans un milieu contraignant, ils préfèrent dormir dans tel lieu et manger ailleurs, ils aiment à vivre seuls ou bien en groupes au fil des saisons. Au-delà de leurs propres caractéristiques biologiques et en deçà des discours humains à leur propos, les animaux innovent quotidiennement en des territoires qui sont moins faits de places, encore moins de variables, que d’habitants *(dwellers)*, d’*indices* ou d’*invites (affordances)*[43].

Les travaux scientifiques, notamment éthologiques et, à partir de leurs résultats, philosophiques, revisitent de plus en plus la dualité humain/animaux, discutent le statut qu’il faudrait accorder à ces derniers au sein de territoires partagés et, ainsi, avancent la possibilité de fonder une communauté socioécologique élargie. On considère même de plus en plus les animaux comme des sujets ou des “actants”. Pour ajouter à ces initiatives, le “point de vue animal” n’a pas fini de faire l’objet d’explorations et d’expérimentations. Nous en avons proposé deux. Si, on l’a vu, l’usage de suivis GPS n’est pas dénué de critiques[44], sa confrontation avec la narration permet d’en atténuer certains effets. De même, là où proposer des “récits” est de moins en moins novateur dans le champ des humanités environnementales[45], soutenir ces propositions en travaillant une langue à hauteur d’animaux nous a semblé un terrain encore à parcourir. Dit autrement et suivant en cela la philosophe Jane Bennett[46], détourner un instant nos yeux des tracés et des pièges photographiques pour se laisser influencer par un anthropomorphisme conceptuel nous a permis d’étudier le territoire des humains à partir du territoire des animaux, puis ensemble, afin de mieux les faire coexister. Télémétrie et narration sont, sous des formes différentes, deux méthodes hautement spéculatives. Si la première cherche à ne pas le laisser voir, la seconde en fait l'un de ses atouts. En les confrontant, les trajectoires individuelles et collectives nous sont apparues comme autant de nœuds et de lignes de fuite, d'enchevêtrements et d'entrelacs faisant se croiser – et cohabiter – humains et sangliers. À lire Tim Ingold, cela n'a rien de surprenant : habiter le monde, cela reviendrait à y laisser traces et empreintes, à les effacer, à en imposer sur d'autres et, par là, à créer ces surfaces composites que sont nos territoires. Il conviendrait, dès lors, d'apprendre à percevoir le monde comme un maillage *(meshwork)*, plutôt que selon des places immuables[47].

Une telle approche n'est pas sans faire écho à des propositions antérieures, comme celles du philosophe norvégien Arne Næss[48] ou du forestier étasunien Aldo Leopold[49], attachés qu'ils étaient à se débarrasser d'une frontière illusoire entre l'humain et son environnement. Tous invitent à une pensée relationnelle qui permet de reconnaître et connaître les interdépendances[50]. Cette dernière permettrait de mieux percevoir les liens qui unissent humains et non-humains, nous poussant à faire le choix de la solidarité écologique. Afin de quitter les mots d'ordre pour imaginer ce que peuvent être, *in situ*, de tels liens, nous avons essayé, de diverses manières, d'envisager le monde propre aux sangliers – et ainsi de faire preuve, humblement, de *perspectivisme*.

Des mondes possibles

On peut le dire de diverses manières – et toutes paraîtront incomplètes. On pourrait *se mettre à la place de* ;

ou bien *penser comme**, et *avec* ; ou, encore, ne passer que par les yeux et adopter pour cela un *point de vue*, celui d'une autre espèce. Certains appelleront simplement à *être*, ceci ou cela**. Nous avons choisi, pour notre part, de nous mettre *à hauteur* – et la langue s'est trouvée embarquée en même temps que le corps. Quelle que soit la manière de les nommer, toutes ces tentatives pour mieux penser nos relations aux animaux ou aux milieux dans lesquels nous habitons font preuve, de près ou de loin, d'une forme de perspectivisme. Perspectivisme : voici un concept qui a fait le tour de disciplines scientifiques très différentes au point de s'être chargé de sens divers. Revenons à ses débuts.

Selon une définition lâche, cette notion avance que la réalité se compose de la somme des perspectives que les uns et les autres ont sur celle-ci – réalité composite, bancale et rien moins qu'exhaustive. Toute réalité objective semble hors de portée, puisque toujours dépendante du contexte social et culturel. La connaissance reste dépendante de la personne qui porte l'analyse ainsi que de la situation – on parle alors de constructivisme, pour insister sur le fait qu'il n'y a pas de connaissance sans subjectivité, voire qu'il n'y a de connaissance que reconstruite par la perception humaine. Ainsi, le philosophe espagnol Ortega y Gasset ajoute qu'à mi-chemin entre rationalisme

---

* Aldo Leopold invitait, d'une part, à penser comme un animal, à adopter le point de vue animal et, d'autre part, à penser l'interdépendance des éléments et leur appartenance à une même communauté. Cette vision d'appartenance à une totalité et des devoirs qui en découlent est résumée dans sa formule célèbre "penser comme une montagne".

** Encore qu'il y ait une distinction à faire au sein de ces projets littéraires et éditoriaux. Pour prendre deux exemples, *Être forêts* (Zones, 2017), du philosophe Jean-Baptiste Vidalou, et *Être un chêne* (Actes sud, 2021), du botaniste Laurent Tillon, n'ont qu'un verbe en commun. Là où le premier cherche à lier des activités collectives de lutte au sein d'un milieu composite – le pluriel du titre l'indique –, le second conte une relation individuelle à un arbre unique, qui serait dès lors tous les arbres.

et relativisme, le perspectivisme permet de considérer d'autres points de vue comme on le fait avec le sien, puis de composer *une* dimension de la réalité[51]. Pour reprendre et altérer quelque peu les mots de l'anthropologue brésilien Eduardo Viveiros de Castro, "contre les grands diviseurs", une science sociale mise à l'épreuve du vivant "ferait proliférer les petites multiplicités[52]". Pour autant, bien qu'une infinité de perspectives semblent dès lors envisageables, toutes ne se valent pas[53].

Les choses s'altèrent quelque peu lorsque la personne dont on souhaite partager le point de vue n'est pas humaine. Le philosophe Georges Canguilhem invitait à penser conjointement sinon relier le vivant et le vécu à travers "les allures de vie[54]" et les espaces ou les territoires qu'elles dessinent. Le biologiste et pionnier de l'éthologie Jakob von Uexküll démontrait que les animaux ne sont pas de simples objets mais bien des sujets dont l'activité principale repose sur le diptyque percevoir et agir. Le vivant, chaque espèce, interprète l'environnement (l'*Umgebung*) pour en faire son propre milieu (l'*Umwelt*)[55]. Le sujet est alors en train de se faire dans son interaction avec les choses et inversement. Aux relations causales mécaniques – ceci est la conséquence de cela – s'ajoute alors l'intention[56]. Si l'on ne peut accéder à l'intériorité d'un membre d'une espèce autre que la nôtre[57] ; si, pour certains, on ne peut que l'effleurer, après une longue familiarisation[58] : qu'en est-il du sanglier ? Tim Ingold nous donne une clé pour franchir ce fossé. Contrairement aux théories classiques dont use l'anthropologie pour caractériser la manière dont les humains habitent – et par là se distinguent des animaux –, Ingold élabore une "perspective résidentielle" qui indique que la création des conditions d'habitation d'un territoire est commune à tout ce qui vit[59].

En plus d'observer les traces laissées sur le terrain, l'utilisation de colliers GPS, puis la mise en forme de tracés cartographiques permettent de mieux cerner ce qu'il en est des sangliers, en suivant leurs déplacements. Mais un tel dispositif serait bien pauvre s'il n'était appuyé par la présence de celui ou celle le réalisant dans les mêmes lieux où se déplacent les animaux. C'est, par exemple, en suivant une sente que l'on prend conscience de la taille de l'animal ; c'est en soupesant une pierre, après l'avoir vue, par le biais d'un piège photographique, retournée par un coup de butoir, qu'on se rend compte de l'effort fourni ; c'est en tombant sur des remises nombreuses, au pied d'une paroi, que l'on comprend pourquoi elles sont en ce lieu, et non ailleurs. Ainsi, il convient de connaître la localisation des barrières, la couverture végétale, la pression de chasse locale et le dérangement induit pour les animaux, ainsi que par d'autres pratiques récréatives – bref : même s'il nous apprend beaucoup sur la mobilité des animaux équipés, la perspective offerte par le tracé GPS ne peut prétendre donner accès à une vérité absolue*.

Néanmoins, elle est une porte d'entrée à d'autres appréhensions. En offrant un support de discussion, les interlocuteurs et interlocutrices révèlent des suppositions, des interprétations propres à leurs expériences, à leurs croyances, à leur vision du monde ainsi que, plus spécifiquement, du sanglier. Chacun opte pour une ou plusieurs perspectives révélatrices des fondements de ce en quoi nous croyons, mais aussi de ce à quoi nous tenons[60]. Ainsi, les chasseurs des gorges du Gardon comme du Valbonnais en viennent à formuler leur attachement aux battues pour les uns, à la chasse à l'approche pour d'autres, justifiant ces choix par leur efficacité ou l'héritage dont elles sont porteuses. D'aucuns en profitent pour souligner leur volonté d'autonomie dans leurs décisions et leurs pratiques vis-à-vis des agents des espaces protégés ou de leur fédération départementale. À l'écoute,

* La précision de la localisation géographique peut varier selon les modèles utilisés ou le relief. Par ailleurs, les traits entre deux localisations ne représentent pas le déplacement réel de l'animal, mais envisagent seulement la trajectoire générale de l'individu équipé.

concernés eux-mêmes et parfois très bavards, les biologistes, écologues, géographes et sociologues embarqués dans ce travail profitent d'un même support pour redéfinir leur approche disciplinaire au contact de celle des autres. Cette approche fait ainsi le pari du pluralisme. Elle permet de prendre la mesure d'espaces de vérité variables, de ce qui les sous-tend, mais aussi d'expliciter les affirmations défendues par les uns ou les autres et de les mettre en débat.

Cette déclinaison outillée, télémétrique, du perspectivisme semble à première vue bien éloignée de la manière dont la philosophie et, avec elle, l'anthropologie ont réinvesti ce concept. Elle rejoint pourtant l'une de ses remobilisations récentes. L'usage de caméras thermiques afin de suivre une meute de loups est, selon Baptiste Morizot, une manière d'assister à des relations interspécifiques qui n'appartenaient jusqu'à présent qu'aux animaux concernés – ou, plus largement, à la nuit[61]. Par cet intermédiaire, l'observateur nocturne serait en prise avec une situation sinon inaccessible, et expérimenterait une forme de perspectivisme méthodologique. De cela, le philosophe-pisteur en a donné quelques indices dans un ouvrage précédent. L'anthropologie contemporaine aurait, notamment à la suite des travaux de Philippe Descola et du déjà cité Eduardo Viveiros de Castro, "libéré" animisme et perspectivisme pour leur donner le statut de "paradigme philosophique[62]". Dès lors, il serait possible d'employer l'un et l'autre concept comme autant d'hypothèses, actualisées par des situations concrètes. Toutefois, là où Viveiros de Castro parle de perspectivisme pour qualifier la manière avec laquelle certains peuples considèrent que des animaux peuvent avoir, sur leur environnement, la même perception qu'ont les humains du leur[63], employer ce terme dans notre contexte cosmologique, historique et géographique ne peut se faire sans le trahir[64]. Il y a quelques précautions à prendre dès lors qu'il s'agit de s'inspirer, à titre expérimental, d'une telle appréhension du monde. Loin de nous l'idée de revendiquer un quelconque "chamanisme méthodologique[65]", aussi féconde que puisse sembler cette élaboration. Télémétrie et narration ne sont que des outils à même de compléter l'appréhension quotidienne d'animaux que l'on peine toujours à comprendre.

Le perspectivisme déployé dans cet ouvrage s'est attaché à mener de front deux approches distinctes. D'une part, explorer, à hauteur de sanglier et depuis son corps en mouvement, ce qui peut composer le quotidien de l'un d'entre eux dans un environnement désormais "trop humain[66]". D'autre part, observer le monde à travers ses yeux, tout en gardant les nôtres, et ainsi nous demander comment il explore son territoire, interagit avec ses congénères, communique et fait ses choix. Nous avons essayé de ne pas séparer deux versants qui le sont bien souvent, entre une approche individualisée, proche des éthiques animales, et une approche collective, écosystémique, proche des éthiques environnementales. Entre celles-ci, il a fallu faire une place aux voix du terrain, à celles et ceux qui revendiquent, constatent ou déplorent le jeu cynégétique, la ruse que se partagent chasseurs et animaux, l'ancrage territorial des uns qui n'est pas nécessairement celui de toutes et tous. Si les discours sont multiples, les manières dont se déroulent la plupart des rencontres entre humains et sangliers sont réduites. On peut les schématiser en trois types : la proximité des milieux dominés par les humains ; la prédation ou les dégâts agricoles ; les accidents avec les humains, lors de manipulations ou de transports des animaux et à l'occasion de collisions routières. Si la redondance des situations les normalise, les sangliers n'y réagissent pas uniformément. Certains ont des prédispositions comportementales favorisant la crainte vis-à-vis de tout ce qui est nouveau ; d'autres, au contraire, font preuve de grande curiosité et s'habituent à vivre à proximité des humains, ce qui se traduit par une grande variété de comportements – la fuite, l'approche, voire l'indifférence. Dans tous les cas, leur rencontre inopinée apparaît comme une déclaration d'existence. L'ethnologue et réalisateur allemand Heinz Meynhardt[67] a exploré celle-ci et vécu la forte sociabilité de cette espèce ainsi que la diversité des modalités de communication entre ces animaux, en nourrissant et vivant lui-même au sein d'une compagnie*. Un sanglier qui se fige, observe et fuit ouvre dans son sillage un monde à part. Pour qui le considère, il s'agit finalement d'appréhender le sanglier comme un animal intelligent, doué d'une organisation sociale[69], capable d'apprendre et de transmettre**, autant que comme un animal sensible et, par les interactions qu'il suscite, politique.

Politiques du sanglier

Nombreux sont les registres de justification de la domination et de l'exploitation animale. Rien qu'à l'égard du

* Postures des corps, grognements mais aussi soufflements participent à une variété de vocalises permettant aux animaux de maintenir le contact, de se rechercher, de souligner la peur, d'alerter, etc. De récents traitements du signal sonore ont permis de mieux caractériser le répertoire vocal du sanglier en quatre types de cris (grognements, grognements mélangés à des couinements et cris perçants, cris et trompettes). Les cris produits dans des situations positives sont généralement plus courts et graves que ceux liés à des émotions négatives. De prochaines études sur le comportement vocal et les émotions du porc domestique devraient favoriser le développement d'approches acoustiques du bien-être animal et le lien entre domestication et communication vocale des animaux[68].

** En captivité, le sanglier des Visayas *(Sus cebifrons)* – qui vit à l'état sauvage dans les forêts tropicales aux Philippines – a été observé en train d'utiliser un bâton et des morceaux d'écorce pour creuser afin de construire un nid. Il s'agit d'un comportement adopté principalement par des femelles et qui serait transmis de mère en fille. Une sorte de "culture animale" qui n'est pas sans rappeler les travaux du primatologue et anthropologue japonais Imanishi K[70].

sanglier, on peut en citer plusieurs : l'ancrage historique – nous serions tous chasseurs-cueilleurs depuis la préhistoire ; une nécessaire gestion écologique – on ne peut questionner le bien-fondé de la régulation des populations ; l'économie – les retombées de la chasse seraient équivalentes, voire supérieures, à celles de la pratique du tennis en France ; la (re)connexion à l'environnement – l'éducation à la nature passerait par la chasse, le sport, le jeu ou encore la tradition. Enfin, à écouter l'argumentaire de ses défenseurs, une pratique dite "traditionnelle" serait par essence légitime à être perpétuée. Pour soutenir ces positionnements, on fait usage de détours et d'euphémismes : on ne tue plus le gibier, on le récolte ou le prélève sur des territoires de chasse qui deviennent autant d'unités de gestion. Des éléments qui questionnent l'usage politique de ces animaux – ou, pour le dire autrement, la conduite d'une *zoopolitique*.

Zoopolitique. Qu'est-ce à dire ? Il est bien connu depuis Aristote que l'humain est un *zôon politikon*, un "animal politique". Pour des siècles, on l'a dit doué de parole et de raison, d'humour et de créativité, tandis que les autres animaux en seraient dépourvus – et, de ce fait, seraient rejetés hors de la cité. Discrètement, la philosophie a revu son jugement depuis l'époque moderne et, plus encore, depuis le XXe siècle.

Parmi d'autres, Michel Foucault a souligné, en avançant pour cela le concept de *biopolitique*, la violence faite sur les corps humains et sur la vie humaine par tout gouvernement souverain puis par la gouvernance depuis notre entrée dans la Modernité. Reprenant littéralement – et littérairement – la formule d'Aristote, Derrida a offert de continuer le travail entamé par Foucault dans sa caractérisation des *biopouvoirs*, le délestant de son anthropocentrisme afin de penser la violence politique sur la vie animale[71]. *Zôon politikon*, c'est, en effet, l'insertion de toute forme de vie dans la cité ; dit autrement, tout processus politique, même spécifiquement dédié à un collectif humain, se fonde et connote le vivant, quel que soit son aspect. En proposant le concept de zoopolitique, Derrida a cherché à défaire les institutions qui fondent nos sociétés d'un strict dualisme entre humains et animaux, en remettant en cause une mort animale jugée nécessaire. Si la biopolitique donne à voir comment des humains en sacrifient d'autres ou sacrifient des animaux au nom de la seule souveraineté[72], la zoopolitique, elle, cherche à montrer comment le vivant – humains et non-humains animaux – est politisé et instrumentalisé à l'aide de techniques s'exerçant sur les corps et les populations, donnant au souverain la capacité de faire vivre ou (et) de laisser mourir.

Évidemment, des élaborations philosophiques portant sur les animaux ou le vivant ainsi que sur son gouvernement ne peuvent qu'interpeller les disciplines qui s'intéressent particulièrement aux non-humains. Que faire d'une telle redéfinition du pouvoir et de ses techniques lorsqu'on s'attache à décrire le comportement d'une espèce comme le sanglier ? Si l'on considère la gestion du sanglier sous un angle biopolitique, les animaux apparaissent non comme des individus et des corps, mais comme une masse spécifique globale affectée par les processus de la vie. On comprend, dès lors, le succès d'un terme comme "régulation" : réguler, c'est s'en prendre à ce qui excède, à ce qui déborde ; c'est ramener à l'état normal – et, partant, normatif – ce qui semble se réduire au pathologique[73] ; c'est contenir dans les catégories humaines un foisonnement vital qui les force.

Les outils de la biopolitique du sanglier sont contradictoires. Ils s'attachent à favoriser la vie autant qu'à précipiter la mort. Le nourrissage artificiel aide à se défaire d'une mortalité naturelle jugée, en certains cas, inacceptable, tandis que le choix des tirs, sur les femelles dominantes ou les reproducteurs, dénote une volonté de voir prospérer la population ou, au contraire, de la réduire. Enfin, l'élevage du gibier, l'imposition ou la levée de barrières physiques dans le territoire montrent que les rapports entre les animaux et les milieux qu'ils habitent sont également concernés.

Alors que par le passé le chasseur exerçait un droit de souveraineté qui reposait sur l'alternative "faire mourir *ou* laisser vivre" le gibier, la chasse du XXe siècle se saisit d'un droit inverse, qui est double : celui de pouvoir "faire vivre *et* laisser mourir" le gibier. Le pouvoir cynégétique est aujourd'hui omnipotent. Il peut aussi bien tuer, donc faire mourir, qu'agir – ou se garder de le faire – pour participer à la vie. Pour d'autres espèces plus encore que pour le sanglier, cette biopolitique est aujourd'hui l'enjeu d'une "guerre" entre activistes défenseurs des animaux et chasseurs[74]. Il ne s'agit de rien d'autre que de reconsidérer qui décide de la mort et de la vie des animaux, qui s'octroie le droit d'intervenir sur le vivant.

Pour empêcher les dégâts aux cultures par la faune sauvage, il est d'usage de contrôler la taille des populations. L'hypothèse sous-jacente est claire : une réduction de la taille de la population animale problématique devrait réduire les dégâts. Or, les travaux scientifiques qui ont cherché à tester véritablement cette hypothèse n'ont guère été convaincants et plaident pour une prise en compte des dimensions éthologiques et contextuelles. En effet, tous les animaux ne créent pas les mêmes dégâts. Partant de ce constat, des chercheurs japonais ont examiné la sélection de l'habitat des sangliers qui causent des dommages et de ceux qui n'en causent pas[75]. Les premiers fréquentent principalement les lisières de forêt et les terres agricoles tandis que les seconds ne parcourent que les forêts profondes et les lisières. Les individus ont donc une personnalité : leur comportement se caractérise par l'évitement de certaines zones et par leur réaction à une situation risquée – risque d'une collision routière en sortant de la forêt, risque d'essuyer des tirs lors d'opérations de contrôle dans les terres agricoles, etc. L'exploration s'est poursuivie par l'intermédiaire de simulations informatiques : il s'agissait d'observer les effets de la pose de clôtures et des prélèvements, qu'ils soient issus de la chasse ou de tirs de régulation, en fonction de différentes tailles de populations de sangliers plus ou moins *audacieux* ou *timides*. L'hypothèse originale – tuer plus réduit mécaniquement les dégâts – a été invalidée : les clôtures et les prélèvements sélectifs d'animaux audacieux sur les terres agricoles seraient plus efficaces que les battues de régulation non sélectives en dehors des espaces sujets aux dégâts – sans compter qu'une gestion technicienne conduit à l'insatisfaction de chasseurs qui, dès lors, hésitent à poursuivre leur activité.

En articulant des mécanismes disciplinaires et de normalisation comportementale (surveillance, lâchers et croisements des animaux, nourrissages artificiels, clôture de leurs milieux), certains chasseurs cherchent à faire croître une population de gibier, tout en assurant l'ordre au sein de cette population. En assignant une juste place à ces animaux dans les territoires cynégétiques, ils opèrent un partage du sensible qui rend visibles certaines activités ou faits et en dissimule d'autres[76]. Ce faisant, une illusion s'installe : le dualisme entre humains et animaux, qui justifie à la fois la mort et la violence politique à l'égard des seconds, est renforcé.

Inclure les animaux dans une critique disciplinaire – faire preuve d'une approche zoopolitique les incluant – permet de politiser les choix les concernant, tout comme la violence que l'on exerce à leur endroit. Suivant le philosophe Jacques Rancière, cette approche permet de défaire l'*ordre policier*[77] qui régit ces partages hérités et, ainsi, de reconfigurer l'ordre entre les composantes d'une communauté sociale et écologique élargie. Il s'agit, dès lors, de déplacer l'animal cynégétique – le sanglier – du lieu qui lui était assigné – la forêt, la garrigue ; de se défaire de l'usage productif de ce lieu – le territoire rural, agricole et forestier ; de donner à voir ce qui n'est pas vu habituellement ; de faire entendre comme discours ce qui n'était jusqu'alors que grognements inaudibles, déplacements problématiques et empreintes honnies. Il ne s'agit pas, pour autant, de postuler une impossible "ventriloquie" à l'égard des animaux. La zoopolitique est un mode de subjectivation – non une métamorphose. "Gibiers", "nuisibles" ou "bêtes noires" sont des statuts ou, plutôt, des identités en apparence transparentes et évidentes. Or, faire des animaux des *sujets politiques* doit permettre de les extraire de cette assignation et contester la naturalisation de la place qui leur est attribuée.

Le sanglier d'aujourd'hui est un animal dont l'altérité s'est dissoute, dont l'identité s'est réduite à une dimension cynégétique, laquelle a fait de l'assistance et de la violence de la battue des horizons indépassables. Politiser autrement ces animaux est plus simple qu'il n'y paraît. Lorsque l'on parle du sanglier comme composante de la biodiversité et non plus comme gibier ou nuisible, on crée du désordre dans l'ordre cynégétique établi. Lorsqu'on narre le parcours d'un jeune individu, on dérange le discours porté par la biologie de la conservation.

Accorder aux animaux un statut politique – faire de la zoopolitique un impératif opérationnel en plus d'une notion heuristique – conduit à reconsidérer les contours que prend l'intervention humaine à leur égard. Si la chasse en est une forme évidente, elle n'est pas la seule. Et le sanglier, en ce sens, n'est pas l'espèce la plus aisée à aborder.

Pour qualifier les animaux, les philosophes du droit Sue Donaldson et Will Kymlicka ont proposé dans leur ouvrage *Zoopolis* des catégories qui témoignent de la relation que l'on entretient à une espèce donnée et dans un contexte particulier[78]. Ainsi, ils distinguent les animaux domestiques qui dépendent de nous et pour lesquels nous avons une responsabilité évidente ; les animaux sauvages, autonomes, qui ne souhaitent pas vivre parmi les humains et qui constituent des communautés souveraines ; les animaux dits "liminaires", enfin, qui vivent à proximité de nos infrastructures parce qu'ils y trouvent un milieu favorable.

Si l'on a usé, en décrivant un processus de "cynégétisation", d'un troisième terme entre "sauvage" et "domestique", les élaborations juridiques de *Zoopolis* concernant les animaux liminaires et sauvages complètent notre démarche, et permettent de rejeter les œillères imposées par le discours de la chasse et de la gestion.

Lorsque l'on considère, en certains cas, les sangliers comme des animaux sauvages, il convient de reconnaître que les compagnies forment autant de communautés souveraines dont le droit à vivre sur un territoire doit être respecté, et cela comme ils l'entendent. Les souverainetés humaines et animales se confrontent, produisent des frottements et des tensions – les rapports conflictuels entretenus avec des grands prédateurs le montrent partout dans le monde – mais mettent en jeu une reconnaissance réciproque. Sur le terrain de la conservation, cela implique de porter attention à leurs conditions de vie, indépendamment de référents anthropocentrés, quitte parfois à les assister ou les aider en cas de difficultés exceptionnelles. Toutefois, reconnaître leur autonomie et éviter toute colonisation exclusive de leurs territoires de vie conduit également à se garder d'une forme de gestion paternaliste de leur vie. En ce sens, si la zoopolitique peut naître des appels récurrents à "agir pour le vivant", elle ne s'y fond pas tout à fait. Elle entend d'abord doter de capacités politiques ces animaux qui nous entourent, là où la seconde attribue souvent aux espèces et aux fonctions écologiques une posture de victimes de processus les dépassant*. Les

* Les généralisations utiles, mais imparfaites, qui prennent des noms aussi divers qu'anthropocène, effondrement ou sixième extinction de masse, trouvent leurs limites opérationnelles lorsqu'elles sont

habits trop étroits de l'éthique et de l'esthétique revêtent parfois la politique et l'action d'une certaine impuissance. Compassion et bonne volonté ne suffisent pas à la zoopolitique, car la nature, désormais, se trouve dans les interstices que produisent nos catégories usuelles.

Lorsqu'en d'autres cas, notamment à l'abord des villes, on considère les sangliers comme des animaux liminaires, notre champ d'action est tout autre. Résidents de nos territoires puisqu'ils exploitent les milieux de vie que nous avons bâtis, nos espaces et nos ressources délaissés ou négligés, ils signalent par leur intrusion une volonté de vivre *ici* et *maintenant* que l'on ne peut que constater, puis reconnaître. Toutefois, la cohabitation nécessite un respect mutuel. Une fois leurs causes anthropiques élucidées, les dégâts et les dégradations qui persistent peuvent faire l'objet de mesures, létales ou non, afin de maintenir la cohabitation.

L'inclusion positive des animaux dans l'action politique doit prendre la mesure de nos responsabilités envers eux, individuellement, en même temps que le jeu d'interactions et d'interdépendances que nouent individus et populations au sein de la biosphère[80].

Comprendre nos rapports aux animaux de manière zoopolitique, c'est aussi considérer que ces derniers peuvent nous aider à mieux considérer les humains, à comprendre un faisceau de dominations que subissent conjointement et sous des formes diverses des groupes humains, la nature et la faune sauvage. C'est, enfin, une participation modeste, mais certaine, pour contrer le modèle économique dominant qui ne cesse de fragiliser et de menacer ces milieux que nous habitons et partageons.

---

confrontées avec des individus et des processus écologiques situés. On ne peut se satisfaire d'un élan – bienvenu et légitime – pour une "culture du vivant" sans l'adosser à un héritage de luttes politiques émancipatrices[79].

ÉPILOGUE

Pour bien tuer les bêtes, il faut les bien connaître. Pour les connaître, il faut les aimer, et plus on les aime et davantage on les tue.
JOSEPH KESSEL, *Le Lion*, Gallimard, Paris, 1958[1].

Dire autrement, avancions-nous au seuil de cet ouvrage. Nous avons d'abord tenté, en narrant les pérégrinations d'un jeune sanglier, de dépasser les certitudes contenues dans le discours cynégétique dominant. Engageant une autre façon d'écrire, il s'agissait de partager le point de vue des animaux, pour ne pas seulement les regarder de haut – en somme, pour nous mettre à la hauteur de ces êtres-là.

Adopter le point de vue des animaux. Voilà une injonction devenue commune, voire leitmotiv[2]. Est-il suffisant de garder ce principe en mémoire pour défaire, à l'échelle qui est la nôtre, tous les facteurs qui entravent le quotidien des animaux sauvages ? À l'évidence, non. Sans parler des mammifères élevés et des poissons pêchés par centaines de milliards chaque année[3], l'amélioration de la condition des "libres animaux[4]", comme aurait pu les qualifier le géographe Élisée Reclus, ne semble pas suivre le même rythme que celui des parutions les concernant. Comme si rigueur scientifique, créativité conceptuelle et activisme ne pouvaient cheminer ensemble ; comme si des traditions intellectuelles, certes éloignées, ne pouvaient se rencontrer sur des sujets communs – en l'occurrence les animaux et les milieux dans lesquels nous cohabitons. Un dialogue, toutefois, commence à être engagé depuis le terrain de l'écologie politique[5]. Les pages qui précèdent sembleront à certains trop à l'écart de ces enjeux et à d'autres trop impliquées déjà. Nous nous sommes néanmoins attachés, dans chacune des situations abordées, à prendre part à cet effort.

Bien souvent, lorsqu'il s'agit de penser sur ou avec les animaux, les postures réflexives appartiennent à deux champs également stimulants, mais aux méthodes bien éloignées. Éthique et biologie forment en effet comme deux extrémités d'un champ scientifique en pleine expansion, à tel point qu'il a gagné depuis une vingtaine d'années les disciplines auxquelles nous appartenons. Entre ces deux pôles d'attraction, qu'avaient à dire de plus les sciences sociales et la littérature sur cet étonnant animal qu'est le sanglier ? Si nous avons cherché à interpréter le comportement du sanglier – et, partant, d'autres animaux –, c'est dans un socioécosystème nous comprenant, avant que l'écologie et la dynamique des populations ne s'emparent, seules, des individus, des populations et de l'espèce. Il nous a semblé utile, tant pour la réflexion que pour l'action, de nous mêler à cet entrelacs que tissent, ensemble, les humains et les animaux, sans nécessairement reconduire des réflexions déjà largement ébauchées sur l'exceptionnalisme humain et la critique de ce dernier[6]. En somme, nous avons souhaité enlever à l'animal sa seule réactivité, pour acter qu'il est capable de réponses, de pensées, de cultures situées – autant de découvertes scientifiques qui bouleversent la connaissance des rapports humains/animaux et permettent de questionner l'intégration des animaux dans une communauté sociale et écologique d'abord, puis politique et morale.

Il ne s'agissait pas, pour autant, de nous inscrire dans la continuité des travaux sur la libération animale*, ni de fonder nos actions sur les seules sensibilité et vulnérabilité des animaux. Définir un horizon politique sur les capacités comportementales des animaux revient à ne les considérer que comme "des *objets* de considération morale" et non "des *sujets* politiques"[8]. Bien plutôt, nous souhaitions nous confronter au champ d'interactions

---

* L'éthique animale est l'étude de la responsabilité morale des humains à l'égard des animaux, pris individuellement. L'éthique animale contemporaine rassemble beaucoup de courants très divers cherchant à maximiser le bien-être animal, à définir nos devoirs envers les animaux ou à défendre les droits des animaux[7].

des humains et des animaux, cette socialité qui invite à l'attribution de droits subjectifs et évolutifs, ainsi qu'à une nouvelle prise en compte politique[9]. Au-delà des difficultés conceptuelles et opérationnelles d'une telle entreprise, le sanglier permet de faire dialoguer des acteurs très différents autour d'un enjeu commun qui remet sur le métier la place du sauvage et de la vie dans nos territoires. Il convient de concevoir des procédures de dialogue où les animaux seraient représentés par des humains, afin de sortir de politiques paternalistes rétives à cesser de contrôler des populations animales. Cherchons plutôt à concevoir et à mettre en œuvre une gestion adaptative[10] pour répondre à l'évolution des situations localement, comme pour respecter l'autonomie et la diversité des modes d'existence de la faune sauvage[11].

Les intérêts des animaux sauvages et des humains sont souvent contradictoires. La spécialisation de l'espace en zones de protection où certains animaux seraient tolérés, tandis qu'en d'autres ils seraient éradiqués, présente un grand nombre de limites. L'une des alternatives serait d'accepter que ces animaux-là, à l'instar du sanglier, font souvent fi de frontières humaines qui leur sont arbitraires. Dès lors, des techniques restent à élaborer pour contenir les populations de sangliers et éviter ou du moins réduire les dégâts agricoles. Mieux comprendre la vision que les sangliers ont de leurs congénères, des milieux qu'ils habitent et des autres espèces qui y vivent est un premier pas – de nombreuses déclinaisons sont encore nécessaires[12]. En somme, il ne s'agit de rien d'autre que de prendre au sérieux les sangliers et, au-delà, ces animaux sauvages ou liminaires que nous sommes amenés à fréquenter, volontairement ou non. Comme nous y a invités en son temps Aldo Leopold[13], il importe d'adopter une éthique relationnelle qui fait cas des solidarités – et responsabilités – écologiques qui nous concernent[14]. Dans une telle perspective écocentrique[15], organiser la coexistence entre agriculteurs, chasseurs et sangliers demande évidemment d'aider les premiers à se protéger des derniers ou, à défaut, à mieux indemniser d'inévitables dégâts. En articulant approche sociale et approche écologique, en rendant en partie visible ce qui ne l'est pas, en intégrant, enfin, notre difficile rapport à la nature comme à la mort, une géographie à hauteur d'animal participe à forger une communauté socioécologique pour, espérons-le, cohabiter avec ce qui nous échappe – sans l'anéantir.

NOTES

PROLOGUE

1. Hainard R., *Mammifères sauvages d'Europe*, Delachaux et Niestlé, 1987, p. 347.
2. Dans l'esprit de nombreux chasseurs, Genève rime avec le canton qui a interdit la chasse dès 1974 par référendum local. Depuis lors onze agents de l'environnement régulent ponctuellement les populations animales qui génèrent des dégâts.
3. Évolution analysée par Chamboredon J.-C. et Bozon M., "L'organisation sociale de la chasse en France et la signification de sa pratique", *Ethnologie française*, vol. 10, n° 1, 1980, p. 65-88 ; Fabiani J.-L., "Quand la chasse populaire devient un sport. La redéfinition sociale d'un loisir traditionnel", *Études rurales*, n° 87-88, 1982, p. 309-323 ; Pelosse V., "Construction de l'animal cynégétique. Mouflons et sangliers en Languedoc", *Études rurales*, n° 129-130, 1993, p. 73-82 ; Raynal J.-C., *Pratiques cynégétiques, transformations territoriales et régulations sociales*, PULM, Montpellier, 2009 ; Ginelli L., "Chasse-gestion, chasse écologique, chasse durable... Enjeux d'une écologisation", *Économie rurale*, n° 327-328, 2012, p. 38-51. Analyses reprises et prolongées récemment dans Stépanoff C., *L'Animal et la mort*, La Découverte, Paris, 2021, p. 129-146.
4. Simon A., *Une bête entre les lignes. Essai de zoopoétique*, Wildproject, Marseille, 2021.
5. Calvino I., *Le Baron perché*, Gallimard, coll. "Folio", Paris, 2019 (1957), p. 87.
6. Gracq J., *La Presqu'île*, Corti, Paris, 1970, p. 14.
7. Bergounioux P., *Chasseur à la manque*, Gallimard, Paris, 2010.
8. Ils sont en cela bien proches de ce que peut impliquer le récit à leur propos. Faisons nôtre ce mot de Baptiste Morizot : "La narration, structurellement, produit un ensauvagement sémantique." Morizot B., *Les Diplomates*, Wildproject, Marseille, 2016, p. 149.
9. Déléage P., *L'Autre-mental*, La Découverte, Paris, 2020, p. 157.

1. Mounet C., "Vivre avec les animaux « à problèmes »", *Revue de géographie alpine*, vol. 96, n° 3, 2008, p. 55-64.
2. Raynal J.-C., *op. cit.*, 2009.
3. *Corse Matin*, 24 avril 2010.
4. *L'Express*, 6 novembre 2013.
5. Article L420-1 du Code de l'environnement.
6. Holling C. S., "Resilience and Stability of Ecological Systems", *Annual Review of Ecology and Systematics*, vol. 4, 1973, p. 1-23.
7. Nous ne sommes en rien les premiers. De nombreux médias s'échinent à le faire, de manière plus ou moins heureuse : entre autres, "La prolifération des sangliers, un casse-tête écologique", *Reporterre*, 3 décembre 2020 [en ligne] ; "Cinq idées reçues sur la chasse passées au crible : « un loisir de citadins », « moins d'accidents depuis vingt ans »", *Le Monde*, 16 novembre 2021 [en ligne].
8. Émissions dont les titres pour certaines manquent d'à-propos, voire entérinent, afin d'attirer l'auditeur, des notions dangereuses et idiotes – en témoigne le suivant : "Le grand remplacement : des centaines de milliers de sangliers", France Culture, 21 janvier 2019.
9. Saint-Andrieux C. *et al.*, "Comparison of Environmental, Biological and Anthropogenic Causes of Wildlife-Vehicle Collisions among Three Large Herbivore Species", *Population Ecology*, vol. 62, n° 1, 2020, p. 64-79.
10. Vignon V. et Barbarreau H., "Collisions entre véhicules et ongulés sauvages : quel coût économique ?", *Faune sauvage*, n° 279, 2008, p. 31-35.
11. Rodriguez S. L. et Sampson C., "Expanding Beyond Carnivores to Improve Livestock Protection and Conservation", *PLoS Biology*, vol. 17, n° 8, 2019.
12. US Department of Agriculture, *2012, Census of Agriculture*, 2014.
13. "The Battle to Control America's « Most Destructive » Species: Feral Pigs", *National Geographic*, mars 2021.
14. Morthland J., "A Plague of Pigs in Texas", *Smithsonian Magazine*, 2011.
15. Green D., "Swine Country: How Feral Pigs Took Over the U.S... And How Texas Is Fighting Back against Nature's Nightmare. With Helicopters", *Sports Illustrated*, 20 janvier 2020.
16. "« Super Monster Wolf » a Success in Japan Farming Trials", BBC News, 6 mars 2018.

17. Mathevet R. et Marty P., "La géographie de la conservation : entrevoir, voir et porter attention à la biodiversité", *in* Mathevet R. et Godet L. (dir.), *Pour une géographie de la conservation. Biodiversités, natures et sociétés*, L'Harmattan, Paris, 2015, p. 35-62.

CHAPITRE 2. – ANIMAL CYNÉGÉTIQUE

1. Voir Quirós-Fernández F. *et. al.*, "Hunters Serving the Ecosystem: the Contribution of Recreational Hunting to Wild Boar Population Control", *European Journal of Wildlife Research*, vol. 63, n° 3, p. 1-6.
2. Article 157 de la loi n° 2016-1087 pour la reconquête de la biodiversité, de la nature et des paysages.
3. Article L427-9 du Code de l'environnement.
4. Dalla Bernardina S., "Hédonistes et ascètes, « Latins » et « Septentrionaux » à la chasse au chamois dans les Alpes italiennes", *Le Monde alpin et rhodanien. Revue régionale d'ethnologie*, vol. 16, n° 1, 1988, p. 165-185.
5. Hell B., *Entre chien et loup. Faits et dits de chasse dans la France de l'Est*, Maison des sciences de l'homme, ministère de la Culture, coll. "Ethnologie de la France", Paris, 1985.
6. Essen E. von et Tickle L., "Leisure or Labour: an Identity Crisis for Modern Hunting?", *Sociologia Ruralis*, vol. 60, n° 1, 2020, p. 174-197.
7. Fabre-Vassas C., "Le partage du ferum. Un rite de chasse au sanglier", *Études rurales*, n° 87-88, 1982, p. 377-400.
8. Pasquet G., *Le Petit Gibier. Conservation des espèces, aménagement des milieux*, Association nationale Petit Gibier, Gerfaut, Barcelone, 2006.
9. Pelosse V. et Vourc'h A., "Chasse au sanglier en Cévennes", *Études rurales*, n° 87-88, 1982, p. 295-307. Raynal J.-C., *op. cit.*, 2009.
10. Baticle C., "La corporéité cynégétique. Une démarche territoriale entre symbolique locale et spatialité animale", *Carnets de géographes*, n° 5, 2013.
11. Sur la perdrix notamment, voir Stépanoff C., *op. cit.*, 2021.
12. Chamboredon J.-C. et Bozon M., art. cité, 1980.
13. Pelosse V., "Les modes d'interprétation des pratiques cynégétiques modernes en France", *L'Homme*, n° 108, 1988, p. 122-133.
14. Isère, juin 2019.
15. Isère, avril 2021.

16. Fortier A., "L'épouse dévouée et la femme fantasmatique. Enquête sur la chasse dans les Ardennes", *Ethnologie française*, vol. 22, n° 4, 1992, p. 490-500.
17. Coquard B., *Ceux qui restent*, La Découverte, Paris, 2019.
18. Traïni C., "Territoires de chasse", *Ethnologie française*, vol. 34, n° 1, 2004, p. 41-48.
19. Pelosse V., art. cité, 1988, p. 123.
20. Estève C., "Le droit de chasse en France de 1789 à 1914", *Histoire & Sociétés rurales*, vol. 21, n° 1, 2004, p. 73-114.
21. Article L422-1 du Code de l'environnement.
22. Ginelli L., art. cité, 2012 ; Mathevet R. et Guillemain M., *Que ferons-nous des canards sauvages ? Chasse, nature et gestion adaptative*, Éditions Quæ, Versailles, 2016.
23. Hubert A., "« Forcés à tuer » : les chasseurs ardennais face au plan de tir cervidés", *Revue forestière française*, vol. 71, n° 4-5, 2019, p. 386.
24. Cosson A. *et al.*, "Dynamiques d'intégration des espaces naturels protégés en France : une approche comparative entre parcs nationaux et réserves naturelles", *Natures Sciences Société*, vol. 25, n° 3, 2017, p. 230-240 ; Therville C. *et al.*, "Beyond Segregative or Integrative Models for Protected Areas: a Case Study of French Nature Reserves", *Environmental Conservation*, vol. 43, n° 3, 2016, p. 284-293.
25. Vanuxem S., *La Propriété de la terre*, Wildproject, Marseille, 2018.
26. D'Allens G., *Main basse sur nos forêts*, Seuil, coll. "Reporterre", Paris, 2019.
27. Pour une description du système de location du droit de chasse et de ses effets territoriaux, voir Mathevet R., "Chasse, sauvagine et cynégéticulture", *Camargue incertaine. Sciences, usages et natures*, Buchet-Chastel, Paris, 2004, p. 87-105.

CHAPITRE 3. – NOURRIR D'UNE MAIN ET RÉGULER DE L'AUTRE : DES FINS CONTRADICTOIRES

1. Selon un sondage Ifop commandé par la FNC et un sondage Ipsos commandé par l'association One Voice, tous deux publiés en 2021.
2. Baubet E. *et al.*, "La consommation de vers de terre par le sanglier : quelle relation avec les dégâts sur prairies ?", *Faune sauvage*, n° 283, 2009, p. 8-13.

3. Ballari S. A. et Barrios-Garcia M. N., "A Review of Wild Boar *Sus scrofa* Diet and Factors Affecting Food Selection in Native and Introduced Ranges", *Mammal Review*, vol. 44, n° 2, 2014, p. 124-134.
4. Gamelon M. *et al.*, "Reproductive Allocation in Pulsed-Resource Environments: a Comparative Study in Two Populations of Wild Boar", *Oecologia*, vol. 183, n° 4, 2017, p. 1065-1076.
5. Saint-Andrieux C., "L'observatoire reproduction du sanglier et fructification forestière : bilan après trois années de suivi", *Faune sauvage*, n° 323, 2019, p. 17-23.
6. Observation faite dans le Vercors, Isère, mars 2021.
7. Observation faite en Camargue, Bouches-du-Rhône, décembre 2016.
8. Article L425-5 du Code de l'environnement.
9. En référence à Morizot B., *op. cit.*, 2016.
10. Muthoka C. M. *et al.*, "Effect of Supplemental Feeding on Habitat and Crop Selection by Wild Boar in Sweden", *Ethology Ecology & Evolution*, 2024265, 2022.
11. SDGC 2019-2025, département de l'Isère.
12. Perea A. et Cardoux J.-N., *Restaurer l'équilibre agro-sylvo-cynégétique pour une pleine maîtrise des populations de grand gibier et de leurs dégâts à l'échelle nationale*, Mission parlementaire relative à la régulation des populations de grand gibier et à la réduction de leurs dégâts, Assemblée nationale, Sénat, Paris, 2019.
13. Vial P.-Y., *Étude d'impact du non-agrainage sur une population de suidés (Sus scrofa) dans le département des Vosges (88)*, Université Jean-Monnet, Saint-Étienne, 2011.
14. Focardi S. *et al.*, "Survival of Wild Boars in a Variable Environment: Unexpected Life-History Variation in an Unusual Ungulate", *Journal of Mammalogy*, vol. 89, n° 5, 2008, p. 1113-1123.
15. Nilsen E. B. *et al.*, "A Slow Life in Hell or a Fast Life in Heaven: Demographic Analyses of Contrasting Roe Deer Populations", *Journal of Animal Ecology*, vol. 78, 2009, p. 585-594.
16. Servanty S. *et al.*, "Influence of Harvesting Pressure on Demographic Tactics: Implications for Wildlife Management", *Journal of Applied Ecology*, vol. 48, n° 4, 2011, p. 835-843.
17. Pianka E. R., "On *r*- and *K*-Selection", *The American Naturalist*, vol. 104, n° 940, 1970, p. 592-597.
18. Gamelon M. *et al.*, "The Relationship between Phenotypic Variation among Offspring and Mother Body Mass in Wild Boar: Evidence

of Coin-Flipping?", *Journal of Animal Ecology*, vol. 82, n° 5, 2013, p. 937-945 ; Gamelon M. *et al.*, "Influence of Life-History Tactics on Transient Dynamics: a Comparative Analysis across Mammalian Populations", *The American Naturalist*, vol. 184, n° 5, 2014, p. 673-683.
19. Balaud L. et Chopot A., *Nous ne sommes pas seuls. Politique des soulèvements terrestres*, Seuil, coll. "Anthropocène", Paris, 2021, p. 12.
20. Vigne J.-D., "Domestication ou appropriation pour la chasse : histoire d'un choix socioculturel depuis le Néolithique. L'exemple des cerfs (*Cervus*)", *Anthropozoologica*, hors-série, n° 1, 1993, p. 201-220.

CHAPITRE 4. – DOMESTICATION ET "CYNÉGÉTISATION" D'UN ANIMAL SAUVAGE ET DE L'ESPACE RURAL

1. Brumm A. *et al.*, "Oldest Cave Art Found in Sulawesi", *Science Advances*, vol. 7, n° 3, 2021.
2. Larson G. *et al.*, "Worldwide Phylogeography of Wild Boar Reveals Multiple Centers of Pig Domestication", *Science*, vol. 307, 2005, p. 1618-1621 ; Helmer D., "Les suidés du cardial : sangliers ou cochons ?", *in* Guilaine J. (dir.) *et al.*, *Premières communautés paysannes en Méditerranée occidentale*, actes du Colloque international du CNRS, Montpellier, 1983, p. 215-220.
3. Voir Levillain A., "D'Homère à Aristote : le porc et le sanglier, figures domestique et épique", *in* Brémont A., Boudes Y., Thuault S. et Ben Saad M. (éd.), *Appréhender les catégories zoologiques dans les sociétés du passé*, *Anthropozoologica*, vol. 55, n° 6, 2020, p. 95-106.
4. Larson G. *et al.*, "Ancient DNA, Pig Domestication, and the Spread of the Neolithic into Europe", *PNAS*, vol. 104, n° 39, 2007, p. 15276-15281.
5. Petter F., "Origine, modalités et conséquences de la domestication", *Bulletin de l'Académie vétérinaire de France*, n° 60, 1987, p. 423-427.
6. Anderson D. *et al.*, "Introgression Dynamics from Invasive Pigs into Wild Boar Following the March 2011 Natural and Athropogenic Disasters at Fukushima", *Proceedings of the Royal Society B*, vol. 288, n° 1953, 2021.
7. Hainard R., *op. cit.*, 1947.
8. Massei G. *et al.*, "Wild Boar Populations up, Numbers of Hunters down? A Review of Trends and Implications for Europe", *Pest Management Science*, vol. 71, n° 4, 2015, p. 492-500.

9. Mori E. *et al.*, "What Does the Wild Boar Mean to the Wolf?", *European Journal of Wildlife Research*, vol. 63, n° 1, 2016. À titre d'exemple, une étude menée dans le Nord de l'Espagne a montré que la prédation par le loup avait une incidence de l'ordre de 12 % sur la mortalité des sangliers, contre 31 % pour la chasse, suggérant que la prédation par le loup avait un faible impact sur la dynamique des populations de sangliers tout comme la pression de chasse qui ne risquait guère elle non plus de contrôler cette dynamique. Voir Nores C. *et al.*, "Wild Boar *Sus scrofa* Mortality by Hunting and Wolf *Canis lupus* Predation: an Example in Northern Spain", *Wildlife Biology*, vol. 14, n° 1, 2008.
10. Pépin D., "Bilan critique des opérations de repeuplement en petit gibier", *Productions animales*, Institut national de la recherche agronomique, vol. 6, n° 4, 1993, p. 269-275.
11. "Le point sur l'identification des sangliers d'élevage", *TechniPorc – la revue technique de l'Ifip*, vol. 33, n° 4, 2010, p. 15-16.
12. Chatoret Y., "Monter une chasse à cochons. Il suffit d'un peu d'imagination et d'investissements minimes pour faire prospérer la bête noire", *Le Chasseur français*, n° 1106, 1989, p. 56-57.
13. Vetter S. G. *et al.*, "What Is a Mild Winter? Regional Differences in Within-Species Responses to Climate Change", *PLoS One*, vol. 10, n° 7, 2015.
14. Morelle K. *et al.*, "Invading or Recolonizing? Patterns and Drivers of Wild Boar Population Expansion into Belgian Agroecosystems", *Agriculture, Ecosystems & Environment*, vol. 222, 2016, p. 267-275.
15. Sur ces évolutions, on peut lire : Dalla Bernardina S., "L'invention du chasseur écologiste : un exemple italien", *Terrain*, n° 13, 1989, p. 130-139 ; Ginelli L., art. cité, 2012.
16. RMC, 10 novembre 2021.

CHAPITRE 5. – CONTRÔLER LE SAUVAGE OU LE CHASSER ?
FAUT-IL CHOISIR ?

1. Cochet G. et Durand S., *Ré-ensauvageons la France*, Actes Sud, Arles, 2018 ; Cochet G. et Kremer-Cochet B., *L'Europe réensauvagée*, Actes Sud, Arles, 2020.

2. Essen E. von et Allen M. P., "Wild-But-Not-Too-Wild Animals: Challenging Goldilocks Standards in Rewilding", *Between the Species*, vol. 19, n° 1, 2015, p. 80-108.

3. Brown C. *et al.*, "Rewilding – A New Paradigm for Nature Conservation in Scotland?", *Scottish Geographical Journal*, vol. 127, n° 4, 2011, p. 288-314 ; Sandom C. J. *et al.*, "Rooting for Rewilding: Quantifying Wild Boar's *Sus scrofa* Rooting Rate in the Scottish Highlands", *Restoration Ecology*, vol. 21, n° 3, 2013, p. 329-335.

4. Keiter D. A. *et al.*, "What Is in a « Common » Name? A Call for Consistent Terminology for Nonnative *Sus scrofa*", *Wildlife Society Bulletin*, vol. 40, n° 2, 2016, p. 384-387.

5. Voir Laguna E. *et al.*, "Permeability of Artificial Barriers (Fences) for Wild Boar *(Sus scrofa)* in Mediterranean Mixed Landscapes", *Pest Management Science*, *Early View* [en ligne], 2022.

6. Toïgo C. *et al.*, "Disentangling Natural from Hunting Mortality in an Intensively Hunted Wild Boar Population", *Journal of Wildlife Management*, vol. 72, n° 7, 2010, p. 1532-1539.

7. Ortega y Gasset J., *Sur la chasse*, Atlantica, Biarritz, 2019 (1943).

8. Pinçon M. et Pinçon-Charlot M., *La Chasse à courre. Ses rites et ses enjeux*, Payot, Paris, 1995.

9. Xénophon, *L'Art de la chasse*, Les Belles Lettres, Paris, 1970.

10. Pelosse V., art. cité, 1993, p. 73.

11. Camus A., *Le Premier Homme*, Gallimard, Paris, 1994.

12. Ortega y Gasset J., *op. cit.*, 2019, p. 83.

13. Fischer A. *et al.*, "(De)legitimising Hunting-Discourses over the Morality of Hunting in Europe and Eastern Africa", *Land Use Policy*, vol. 32, 2013, p. 261-270.

14. Chamboredon J.-C. et Bozon M., art. cité, 1980 ; Fabiani J.-L., art. cité, 1982.

15. Charvolin F., *L'Invention de l'environnement en France. Chroniques anthropologiques d'une institutionnalisation*, La Découverte, Paris, 2003.

16. Suivi des oiseaux communs en France – résultats 2019 des programmes participatifs de suivi des oiseaux communs – 1989/2019, 30 ans de suivis participatifs. Rapport d'étude, LPO, OFB, MNHN, Paris, 2021.

17. Les chiffres qui suivent sont tirés d'un rapport de la fondation François Sommer, "Société, modes de vie, loisirs de nature. Enjeux

pour l'avenir de la chasse", *Chasse, Nature & Société en 2040*, n° 2, 2019.
18. Massei G. *et al.*, art. cité, 2015 : "Les populations de sangliers en hausse, le nombre de chasseurs en baisse", libre traduction des auteurs.
19. "Montpellier : l'antigel a empoisonné pigeons et sangliers", *Le Parisien*, 3 février 2014.
20. Sondage Ifop commandé par la FNC et sondage Ipsos commandé par l'association One Voice, tous deux publiés en 2021.
21. Les Français et la chasse, Sondage Ipsos/One Voice, septembre 2021.
22. Tolstoï L., "Plaisir cruel" (1895), *in* Bondon R. et Boisjean E., *Cause animale, luttes sociales*, Le Passager clandestin, Paris, 2021, p. 155-163.
23. Maillard D. *et al.*, "Organisation spatiale des sites de repos des sangliers en milieu méditerranéen", *Forêt méditerranéenne*, vol. 16, n° 3, 1995, p. 313-324 ; Baubet E., *Biologie du sanglier en montagne : biodémographie, occupation de l'espace et régime alimentaire*, thèse de doctorat, université Claude-Bernard, Lyon, 1998 ; Keuling O. *et al.*, "Annual and Seasonal Space Use of Different Age Classes of Female Wild Boar *Sus scrofa L.*", *European Journal of Wildlife Research*, vol. 54, 2008, p. 403-412 ; Keuling O., "How Does Hunting Influence Activity and Spatial Usage in Wild Boar *Sus scrofa L.*?", *European Journal of Wildlife Research*, vol. 54, 2008, p. 729-737.
24. Sodeikat G. et Pohlmeyer K., "Escape Movements of Family Groups of Wild Boar *Sus scrofa* Influenced by Drive Hunts in Lower Saxony, Germany", *Wildlife Biology*, vol. 9, n° 1, 2003, p. 43-49.
25. Thurfjell H. *et al.*, "Effects of Hunting on Wild Boar *Sus scrofa* Behavior", *Wildlife Biology*, vol. 19, n° 1, 2013, p. 87-93.
26. Plan national de maîtrise du sanglier (PNMS), 2009.

CHAPITRE 6. – VARIATIONS GÉOGRAPHIQUES

1. Voir Merli E. *et al.*, "Wild Boar under Fire: the Effect of Spatial Behaviour, Habitat Use and Social Class on Hunting Mortality", *Journal of Zoology*, vol. 303, n° 2, 2017, p. 155-164.
2. Voir Don A. *et al.*, "Simulated Wild Boar Bioturbation Increases the Stability of Forest Soil Carbon", *Biogeosciences*, vol. 16, n° 21, 2019, p. 4145-4155.

3. Vallée M. *et al.*, "Le sanglier en Europe : une menace pour la biodiversité ?", *Revue forestière française*, vol. 68, n° 6, 2016, p. 505-518.

4. Selon la FNC (communiqué de presse et vidéo du 3 novembre 2021), la France compterait près de deux millions de sangliers.

5. Bar-On Y. M. *et al.*, "The Biomass Distribution on Earth", *Proceedings of the National Academy of Sciences of the Unites States of America*, vol. 115, n° 25, 2018, p. 6506-6511.

6. *Campagnes solidaires*, n° 334, décembre 2017.

7. Données FNC 2017.

8. "Haut-Rhin : sangliers et cervidés mettent en danger les producteurs de munster fermier", France 3 Grand Est, janvier 2018.

9. France Bleu, 19 janvier 2016.

10. Agriculteur du Gard, mai 2020.

11. Échanges avec des représentants du monde agricole en marge du Comité départemental chasse faune sauvage du Gard, 2015.

12. Voir Mélard F., *Écologisation. Objets et concepts intermédiaires*, Peter Lang, coll. "Ecopolis", Bruxelles, 2008.

13. Chasseur de l'Isère, juin 2021.

14. Olson M., *The Logic of Collective Action*, Harvard University Press, Cambridge, 1971.

15. Chardel P.-A. et Reber B., *Écologies sociales. Le souci du commun*, Parangon/Vs, coll. "Situations & critiques", Lyon, 2014 ; Balaud L. et Chopot A., *op. cit.*, 2021.

16. Voir les travaux en cours de Carole Marin dans le cadre de sa thèse sur la présence du sanglier dans la métropole bordelaise au sein de l'UMR Passages du CNRS et de l'université Bordeaux-Montaigne.

17. Fischer J. D. *et al.*, "Categorizing Wildlife Responses to Urbanization and Conservation Implications of Terminology", *Conservation Biology*, vol. 29, n° 4, 2015, p. 1246-1248.

18. "Bordeaux : les sangliers ont labouré le golf de Bordeaux-Lac, la facture est salée", *Sud-Ouest*, 19 mars 2021.

19. "Boar Wars: How Wild Hogs Are Trashing European Cities", *The Guardian*, 30 juillet 2019, libre traduction des auteurs.

20. Wolch J., "Zoopôlis", *in* Hache E. (dir.), *Écologie politique*, Éditions Amsterdam, Paris, 2012, p. 383.

21. Playoust-Braure A., "Spécisme : abolir ne suffira pas", *Mouvements*, n° 108, 2021, p. 121.

22. Blanc N., *Les Animaux et la Ville*, Odile Jacob, Paris, 2000 ; Zask J., *Zoocities*, Premier Parallèle, Paris, 2020.
23. *Hong Kong Living*, 30 décembre 2019.
24. *Berliner Zeitung*, 8 août 2020.
25. *Corriere della Sera*, 14 mai 2021.
26. *Midi Libre*, 18 juillet 2021.
27. *New York Times*, 9 avril 2021.
28. Stillfried M. *et al.*, "Do Cities Represent Sources, Sinks or Isolated Islands for Urban Wild Boar Population Structure?", *Journal of Applied Ecology*, vol. 54, n° 1, 2017, p. 272-281.
29. Cahill S. *et al.*, "Characteristics of Wild Boar *(Sus scrofa)* Habituation to Urban Areas in the Collserola Natural Park (Barcelona) and Comparison with Other Locations", *Animal Biodiversity and Conservation*, vol. 35, n° 2, 2012, p. 221-233.
30. Stillfried M. *et al.*, "Wild Inside: Urban Wild Boar Select Natural, not Anthropogenic Food Ressources", *PloS One*, vol. 12, n° 4, 2017.
31. Castillo-Contreras R. *et al.*, "Wild Boar in the City: Phenotypic Responses to Urbanisation", *Science of The Total Environment*, vol. 773, 2021.
32. Jiguet F. *et al.*, "Urban Pigeons Losing Toes Due to Human Activities", *Biological Conservation*, vol. 240, 2019.
33. Majerus M. E. N., "Industrial Melanism in the Peppered Moth, *Biston betularia*: an Excellent Teaching Example of Darwinian Evolution in Action", *Evolution: Education and Outreach*, vol. 2, 2009, p. 63-74.
34. Zsolnai A. *et al.*, "Genetic Adaptation to Urban Living: Molecular DNA Analyses of Wild Boar Populations in Budapest and Surrounding Area", *Mammalian Biology*, vol. 102, 2022, p. 221-234.
35. Stillfried M. *et al.*, "Secrets of Success in a Landscape of Fear: Urban Wild Boar Adjust Risk Perception and Tolerate Disturbance", *Frontiers in Ecology and Evolution*, vol. 5, n° 157, 2017.
36. Podgórski T. *et al.*, "Spatiotemporal Behavioral Plasticity of Wild Boar *(Sus scrofa)* under Contrasting Conditions of Human Pressure: Primeval Forest and Metropolitan Area", *Journal of Mammalogy*, vol. 94, n° 1, 2013, p. 109-119.
37. Gordigiani L. *et al.*, "Carried Away by a Moonlight Shadow: Activity of Wild Boar in Relation to Nocturnal Light Intensity", *Mammal Research*, vol. 67, 2022, p. 39-49.
38. Larrère R., "Le conflit entre les chasseurs et les protecteurs de la nature", *La Ricerca folklorica*, n° 48, 2003, p. 45-51.

39. Projet de recherche-action *Vers une approche intégrée de la gestion des sangliers au cœur des territoires multi-usages*, sous la direction de Chamaillé-Jammes S. et Mathevet R. (2018-2022, fondation François Sommer).
40. Osugi S. *et al.*, "Impact of Wild Boars on the Feeding Behavior of Smaller Frugivorous Mammals", *Mammalian Biology*, vol. 97, 2019, p. 22-27.
41. Massei G. et Genov P. V., "The Environmental Impact of Wild Boar", *Galemys*, vol. 16, n° 1, 2004, p. 135-145.
42. Mori E. *et al.*, "The Wild Boar *Sus scrofa* as a Threat to Ground-Nesting Bird Species: an Artificial Nest Experiment", *Journal of Zoology*, vol. 314, n° 4, 2021, p. 311-320.
43. Oja R. *et al.*, "Non-Invasive Genetics Outperforms Morphological Methods in Faecal Dietary Analysis, Revealing Wild Boar as a Considerable Conservation Concern for Ground-Nesting Birds", *PloS One*, vol. 12, n° 6, 2017.
44. Tolon V. et Baubet E., "L'effet des réserves sur l'occupation de l'espace par le sanglier", *Faune sauvage*, n° 288, 2010, p. 14-18.
45. Plan de gestion de la réserve naturelle nationale des marais du Vigueirat 2016-2025.
46. Plan de gestion de la RNCFS du lac du Der et des étangs d'Outines et d'Arrigny 2016-2025.
47. Delorme D. *et al.*, "Gestion de l'impact du sanglier dans les espaces protégés. Les solutions trouvées dans la RNCFS du lac du Der", *Faune sauvage*, n° 296, 2012, p. 32-38.
48. Mathevet R. et Béchet A., *Politiques du flamant rose. Vers une écologie du sauvage*, Wildproject, Marseille, 2020.

CHAPITRE 7. – DU GIBIER AU RÉSERVOIR DE PATHOGÈNES : HABITER LE TROUBLE SANITAIRE

1. Malm A., *La Chauve-Souris et le capital. Stratégie pour l'urgence chronique*, La Fabrique, Paris, 2020.
2. Keck F., *Les Sentinelles des pandémies*, Zones sensibles, Bruxelles, 2020.
3. Sur ce cas précis, voir Arpin I., "Une vie sauvage sans frontières ? Le cas de la contamination des bouquetins du Bargy", *Zilsel*, n° 7, 2020, p. 179-198.
4. Pour ce qui est de la tuberculose bovine qui peut être transmise par les blaireaux, voir Enticott, G., "The Spaces of Biosecurity: Prescribing

and Negotiating Solutions to Bovine Tuberculosis", *Environment and Planning A*, vol. 40, n° 7, 2008, p. 1568-1582.
5. Fortané N. et Keck F., "Ce que fait la biosécurité à la surveillance des animaux", *Revue d'anthropologie des connaissances*, vol. 9, n° 2, 2015, p. 125.
6. Porphyre V., "Enjeux et contraintes des filières porcines en Afrique de l'Ouest", dossier "Des systèmes de production, des enjeux, des défis…", *Grain de sel*, n° 46-47, 2009, p. 26-27.
7. "Denmark's Fence to Keep out Wild Boars Seems to be Working", AP News, 10 août 2020.
8. "Germany Extends Fencing along Polish Border to Keep out Swine Fever", Reuters, 13 juin 2020.
9. "ASF Poland/Germany: Permanent Border Fence Nears Completion", *Pig Progress*, 12 avril 2021.
10. Szczygielska M., "Poland's Wild Boar Targeted in Pointless Cull That Could Actually Spread Swine Fever", *The Conversation*, 18 janvier 2019 [en ligne].
11. *Géo*, 10 janvier 2019 ; *Libération*, 3 février 2019.
12. Szczygielska M., art. cité, 2019.
13. Cas très bien documenté et étudié par Edmond P. *et al.*, "Doing the « Dirty Work »: How Hunters Were Enlisted in Sanitary Rituals and Wild Boars' Destruction to Fight Belgium's ASF (African Swine Fever) outbreak", *Anthropozoologica*, vol. 56, n° 6, 2021, p. 87-104.
14. European Food Safety Authority (EFSA) *et al.*, "Epidemiological Analyses of African Swine Fever in the European Union (November 2018 to October 2019)", *EFSA Journal*, vol. 18, n° 1, 2020.
15. ESA, "Peste porcine africaine (PPA) : situation en Belgique et surveillance en France : point au 04/08/2020".
16. Fabre-Vassas C., art. cité, 1982 ; Edmond P. *et al.*, art. cité, 2020.
17. Traimond B., *Les Chasses aux sangliers. Se confronter au sauvage*, Cairn, Morlaàs, 2021, p. 87.
18. Communiqué de presse du 22 janvier 2021 de l'Agence fédérale pour la sécurité de la chaîne alimentaire.
19. Voir le dossier : "Peste porcine africaine : bilan après deux ans de lutte à la frontière franco-belge", *Faune sauvage*, n° 328, 2020, p. 15-40.
20. Chasseur du Gard, mars 2018.
21. Chasseur de l'Isère, juin 2019.

22. Chasseur des Bouches-du-Rhône, avril 2021.
23. Keck F., *op. cit.*, 2020.
24. Bartoleyns G., *Le Hantement du monde. Zoonoses et Pathocène*, Dehors, Bellevaux, 2021.

CHAPITRE 8. – DE LA GÉOPOLITIQUE LOCALE À LA GÉOPOLITIQUE GLOBALE

1. Projet de recherche-action *Vers une approche intégrée de la gestion des sangliers au cœur des territoires multi-usages*, *op. cit.* Voir aussi Bondon R. *et al.*, "Passer les limites, rythmer le territoire. Paysage et mobilités du sanglier en Valbonnais (Isère, France)", *Géocarrefour*, vol. 95, n° 4, 2021.
2. Mathevet R. *et al.*, "Nuisibles d'hier et d'aujourd'hui : le lapin, le sanglier et le flamant dans la réserve de biosphère de Camargue", *in* Luglia R. (dir.), *Sales bêtes ! Mauvaises herbes ! "Nuisible", une notion en débat*, PUR, Rennes, 2018, p. 173-187.
3. Mounet C., "Conflits et reconfigurations socio-spatiales autour du sanglier. Des postures générales aux arrangements locaux", *Économie rurale. Agricultures, alimentations, territoires*, n° 327-328, 2012, p. 79-95.
4. Tsing A. L., *Le Champignon de la fin du monde. Sur la possibilité de vivre dans les ruines du capitalisme*, La Découverte/Les Empêcheurs de penser en rond, Paris, 2017 (2012).
5. Van Dooren T., *En plein vol. Vivre et mourir au seuil de l'extinction*, Wildproject, Marseille, 2021 (2014).
6. Donaldson S. et Kymlicka W., *Zoopolis. Une théorie politique des droits des animaux*, Alma Éditeur, Paris, 2016 (2011) ; Morizot B., *op. cit.*, 2016.
7. Merleau-Ponty M., *L'Œil et l'Esprit*, Gallimard, Paris, 1964.
8. Bailly J.-C., *Le Versant animal*, Bayard, Paris, 2007.
9. Adapté de Bondon R., "En quête de l'invisible : paradoxes animaux", *Ballast*, 2019 [en ligne].
10. Bailly J.-C., *Le Parti pris des animaux*, Christian Bourgois, Paris, 2013, p. 27.
11. Bailly J.-C., *op. cit.*, 2007.
12. Tucker M. A. *et al.*, "Moving in the Anthropocene: Global Reductions in Terrestrial Mammalian Movements", *Science*, vol. 359, n° 6374, 2018, p. 466-469.

13. Pyle R. M., “Nature Matrix: Reconnecting People and Nature”, *Oryx*, vol. 37, n° 2, 2003, p. 206-214.

14. Louv R., *Last Child in the Woods. Saving Our Children from Nature-Deficit Disorder*, Algonquin Books, Chapel Hill, 2005.

15. Morizot B., *Manières d’être vivant*, Actes Sud, Arles, 2020.

16. Crary J., *Techniques de l’observateur. Vision et modernité au XIXe siècle*, Dehors, Bellevaux, 2016 (1990).

17. Benjamin W., “L’œuvre d’art à l’époque de sa reproductibilité technique”, in *Œuvres III*, Folio, Paris, 2000, p. 278.

18. Cagnacci F. *et al.*, “Animal Ecology Meets GPS-Based Radiotelemetry: a Perfect Storm of Opportunities and Challenges”, *Philosophical Transactions of the Royal Society B*, vol. 365, n° 1550, 2010, p. 2157-2162.

19. Devictor V., *La Prise en charge technoscientifique de la crise de la biodiversité*, Université Paris I Panthéon-Sorbonne, 2018.

20. Adams W. M., “Geographies of Conservation II: Technology, Surveillance and Conservation by Algorithm”, *Progress in Human Geography*, 2019, vol. 43, n° 2, 2019, p. 340.

21. Dubey G. et Jouvancourt P., *Mauvais temps. Anthropocène et numérisation du monde*, Dehors, Bellevaux, 2018.

22. Thums M. *et al.*, “How Big Data Fast Tracked Human Mobility Research and the Lessons for Animal Movement Ecology”, *Frontiers in Marine Science*, vol. 5, 2018, p. 21.

23. Miller H. J. *et al.*, “Towards an Integrated Science of Movement: Converging Research on Animal Movement Ecology and Human Mobility Science”, *International Journal of Geographical Information Science*, vol. 33, n° 5, 2019, p. 855-876.

24. Hebblewhite M. et Haydon D. T., “Distinguishing Technology from Biology: a Critical Review of the Use of GPS Telemetry Data in Ecology”, *Philosophical Transactions of the Royal Society B*, vol. 365, n° 1550, 2010, p. 2303-2312.

25. Les approches critiques viennent surtout d’autres disciplines. Voir pour une synthèse Adams W. M., art. cité, 2019.

26. Morelle K. *et al.*, art. cité, 2016, p. 267-275.

27. Merli E. *et al.*, art. cité, 2017.

28. Bosch J. *et al.*, “Retrospective Spatial Analysis for African Swine Fever in Endemic Areas to Assess Interactions between Susceptible Host Populations”, *PloS One*, vol. 15, n° 5, 2020.

29. Fattebert J. *et al.*, “Landscape Effects on Wild Boar Home Range Size under Contrasting Harvest Regimes in a Human-Dominated Agro-Ecosystem”, *European Journal of Wildlife Research*, vol. 63, n° 2, 2017, p. 32.
30. Vinciane Despret l’a très bien montré pour ce qui est des études éthologiques à propos des oiseaux dans *Habiter en oiseau* (Actes Sud, 2019).
31. Morizot B., *Sur la piste animale*, Actes Sud, Arles, 2018, p. 146.
32. Morizot B., *op. cit.*, 2020, p. 209.
33. Hage G., *Le Loup et le Musulman*, Wildproject, Marseille, 2017, p. 30.
34. Rodary E., *L’Apartheid et l’Animal*, Wildproject, Marseille, 2019.
35. Plumwood V., *Feminism and the Mastery of Nature*, Routledge, Londres, 1993. Traduction à paraître en 2022 sous le titre *Le Féminisme et la Maîtrise de la nature*, Dehors, Bellevaux.
36. Edogué Ntang J.-L., *Vie des migrants dans la forêt de Belyounech. L’hospitalité des sangliers*, L’Harmattan, Paris, 2021, p. 126.
37. Kotze L. et Marauhn T. (éd.), *Transboundary Governance of Biodiversity*, Martinus Nijhoff Publishers, Leyde, Boston, 2014.
38. Linnell J. D. C. *et al.*, “Border Security Fencing and Wildlife: the End of the Transboundary Paradigm in Eurasia?”, *PLoS Biology*, vol. 14, n° 6, 2016.
39. Benhammou F., “Une histoire contemporaine de la géographie française de l’animal”, in *Manifeste pour une géographie environnementale*, Presses de Sciences Po, Paris, 2016, p. 141-164.
40. Buller H., “Animal Geographies I”, *Progress in Human Geography*, vol. 38, n° 2, 2014, p. 308-318.
41. Philo C. et Wilbert C., *Animal Spaces, Beastly Places*, Routledge, Londres, 1998.
42. Massumi B., *Ce que les bêtes nous apprennent de la politique*, Dehors, Bellevaux, 2019 (2014), p. 31.
43. Ingold T., *The Perception of the Environment. Essays on Livelihood, Dwelling and Skill*, Routledge, Londres, 2000.
44. Benson E., *Wired Wilderness. Technologies of Tracking and the Making of Modern Wildlife*, Johns Hopkins University Press, États-Unis, 2010.
45. Cavallin J.-C., *Valet noir. Vers une écologie du récit*, Corti, coll. “Biophilia”, Paris, 2021.

46. Bennett J., *Vibrant Matter: a Political Ecology of Things*, Duke University Press, Durham, 2010.
47. Ingold T., *Une brève histoire des lignes*, Zones sensibles, Bruxelles, 2011 (2007).
48. Næss A., *Écologie, communauté et style de vie*, Éditions MF, Paris, 2008 (1976).
49. Leopold A., *Almanach d'un comté des sables*, Aubier, Paris, 1995 (1949).
50. Mathevet R., *La Solidarité écologique. Ce lien qui nous oblige*, Actes Sud, Arles, 2012 ; Pierron J.-P., *Je est un nous. Enquête philosophique sur nos interdépendances avec le vivant*, Actes Sud, Arles, 2021.
51. Guy A., *Ortega y Gasset ou la raison vitale et historique*, Seghers, Paris, 1969.
52. Viveiros de Castro E., *Métaphysiques cannibales*, PUF, Paris, 2009, p. 9.
53. Revendiquer l'égalité de droit des différentes visions du monde ne passe pas nécessairement par la négligence ou la négation. Le fait que la Terre soit ronde existe indépendamment de toute vision du monde, voir Berque A., *Recouvrance. Retour à la terre et cosmicité en Asie orientale*, Éolienne, Bastia, 2021.
54. Armengaud F., "Georges Canguilhem : le comportement comme « allure de la vie »", *in* Burgat F., *Penser le comportement animal*, Éditions Quæ, coll. "Natures sociales", Versailles, 2010, p. 153-170.
55. Uexküll J. von, *Mondes animaux et monde humain*, Payot & Rivages, Paris, 2010 (1934).
56. Berque A., *Médiance, de milieux en paysages*, Belin/Reclus, Paris, 1990.
57. L'article séminal du philosophe Thomas Nagel reste, sur cette question, déterminant : Nagel T., "What Is It Like to Be a Bat?", *The Philosophical Review*, vol. 83, n° 4, 1974, p. 435-450.
58. C'est, par exemple, ce que met en œuvre la primatologue Sabrina Krief et qu'elle relate dans *Chimpanzés, mes frères de la forêt* (Actes Sud, 2019).
59. Ingold T., "Bâtir habiter vivre", in *Marcher avec les dragons*, Zones sensibles, Bruxelles, 2013 (1995), p. 149-177.
60. Hache E., *Ce à quoi nous tenons*, La Découverte/Les Empêcheurs de tourner en rond, Paris, 2011.
61. Morizot B., *op. cit.*, 2020.
62. Morizot B., *op. cit.*, 2016, p. 179.
63. Viveiros de Castro E., "Perspectivisme et multinaturalisme en Amérique indigène", *Journal des anthropologues*, n° 138-139, 2014, p. 161-181 ; Viveiros de Castro E., *op. cit.*, 2009.

64. Pour une revue des débats, voir Dianteill E., "Ontologie et anthropologie", *Revue européenne des sciences sociales*, vol. 53, n° 2, 2015, p. 119-144.
65. Morizot B., *op. cit.*, 2016, p. 190.
66. Descola P., "Humain, trop humain", *Esprit*, vol. 420, n° 12, 2015, p. 8-22.
67. Meynhardt H., *Ma vie chez les sangliers*, Hatier, Les Éditions du Chasseur français, 1991.
68. Voir Garcia M. *et al.*, "Structural Classification of Wild Boar (*Sus scrofa*) Vocalizations", *Ethology*, vol. 122, n° 4, 2016, p. 329-342) ; Maigrot A. L. *et al.*, "Encoding of Emotional Valence in Wild Boar (*Sus scrofa*) Calls", *Animals*, vol. 8, n° 6, 2018, p. 85.
69. Où la coopération l'emporte largement sur la compétition au sein d'un même groupe social. Voir Focardi S. *et al.*, "Cooperation Improves the Access of Wild Boars (*Sus scrofa*) to Food Sources", *Behavioural Processes*, vol. 121, 2015, p. 80-86.
70. Voir Root-Bernstein M. *et al.*, "Context-Specific Tool use by *Sus cebifrons*", *Mammalian Biology*, vol. 98, 2019, p. 102-110 ; Imanishi K., *Le Monde des êtres vivants : une théorie écologique des êtres vivants* (trad. du japonais), Wildproject, Marseille, 2011 (1941).
71. Séminaire de Derrida J., *La Bête et le Souverain, volume I (2001-2002)* ; *La Bête et le Souverain, volume II (2002-2003)*, Galilée, Paris, 2008 et 2010.
72. Foucault M., *Histoire de la sexualité*, tome 1 : *La Volonté de savoir*, Gallimard, Paris, 1976. Voir aussi, *Il faut défendre la société. Cours au Collège de France. 1976*, Gallimard/Seuil, Paris, 1997.
73. Canguilhem G., *Le Normal et le Pathologique*, PUF, Paris, 1960.
74. Stépanoff C., "La forêt est en guerre. Enquête sur le conflit autour de la chasse à courre", *Terrain*, 2020 [en ligne] ; Rival Y. et Marek E., "Combattre la chasse à courre", *Ballast*, 2021 [en ligne].
75. Honda T. et Iijima H., "Managing Boldness of Wildlife: an Ethological Approach to Reducing Crop Damage", *Population Ecology*, vol. 58, n° 3, 2016, p. 385-393.
76. Rancière J., *La Mésentente. Politique et philosophie*, Galilée, Paris, 1995.
77. Au sens de Rancière, *ibid*.
78. Donaldson S. et Kymlicka W., *op. cit.*, 2011.
79. Voir *Socialter*, *Renouer avec le vivant*, hors-série n° 9, décembre 2020-janvier 2021.
80. Leopold A., *op. cit.*, 1949.

1. Propos fictifs tenus par le personnage John Bullit, administrateur du parc royal du Kilimandjaro dans ce roman. Ceux-ci ne reflètent pas les positions de l'auteur lui-même.
2. Voir, entre autres : Baratay E., *Le Point de vue animal*, Seuil, Paris, 2012 ; Despret V., *Que diraient les animaux, si... on leur posait les bonnes questions ?*, La Découverte, Paris, 2012 ; Morizot B., *op. cit.*, 2018.
3. Gancille J.-M., *Carnage. Pour en finir avec l'anthropocentrisme*, Rue de l'échiquier, Paris, 2020.
4. Reclus E., *Libre nature*, Éditions Héros-Limite, Genève, 2022.
5. Citons, entre autres, Guillibert P., *Terre et capital. Pour un communisme du vivant*, Éditions Amsterdam, Paris, 2021 ; Balaud L. et Chopot A., *op. cit.*, 2021.
6. Comme nous y invitent, par exemple, la philosophe étasunienne Donna Haraway (*Manifeste des espèces compagnes*, Climats, Paris, 2019) ou la philosophe australienne Val Plumwood (*Dans l'œil du crocodile*, Wilproject, Marseille, 2021).
7. Voir Jeangène Vilmer J.-B., *L'Éthique animale*, PUF, coll. "Que sais-je ?", Paris, 2011.
8. Playoust-Braure A., art. cité, 2021, p. 117. L'autrice souligne.
9. Donaldson S. et Kymlicka W., *op. cit.*, 2011.
10. Mathevet R. et Guillemain M., *op. cit.*, 2016.
11. Merchant C., *Autonomous Nature. Problems of Prediction and Control from Ancient Times to the Scientific Revolution*, Routledge, Londres, 2015 ; Taylor P., *Respect for Nature. A Theory of Environmental Ethics*, PUP, Princeton, 2011 (1986) ; Jamieson D., *Reason in a Dark Time. Why the Struggle against Climate Change Failed – and What It Means for Our Future*, OUP, New York, 2014.
12. Morizot B., *op. cit.*, 2016.
13. Leopold A., *op. cit.*, 1949.
14. Mathevet R., *op. cit.*, 2012.
15. Callicott J. B., *In Defense of the Land Ethic. Essays in Environmental Philosophy*, SUNY Press, New York, 1989.

REMERCIEMENTS

Nous dédions cet ouvrage à Dédé et aux mammifères sauvages. Nous remercions les élus et élues, chasseurs et chasseuses, agriculteurs et agricultrices, habitants et habitantes de Camargue, du Pays d'Urfé, des Cévennes, des gorges du Gardon, d'Entraigues et du Valbonnais, les administrateurs et administratrices, techniciens et techniciennes des fédérations départementales de l'Isère, du Gard, de Lozère et des Bouches-du-Rhône, ainsi que la direction, les agents et agentes du parc national des Écrins, des structures de gestion des réserves de biosphère des gorges du Gardon, des Cévennes et de Camargue. Ce travail a été cofinancé par le CNRS ainsi que la Fondation François Sommer, le Parc national des Écrins et le Syndicat mixte des gorges du Gardon dans le cadre d'un projet copiloté par Simon Chamaillé-Jammes et Raphaël Mathevet, auquel ont pris part Coralie Mounet, Deborah Coz, Julie Maviel, Nina Combet, Roméo Bondon, Paul Cuchot, Brieux Pillorget, Gustave Fradin – qu'elles et ils en soient remerciés.

Nous remercions enfin Camille, Céline, Deborah, Élias et Grégoire pour leurs relectures souvent déterminantes et leur soutien.

PARUTIONS RÉCENTES DANS LA MÊME COLLECTION

L'EUROPE RÉENSAUVAGÉE. VERS UN NOUVEAU MONDE, Béatrice et Gilbert Cochet, 2020.
OVIBOS. LE SURVIVANT DE L'ARCTIQUE, Rémy Marion et Robert Gessain, 2020.
PENSER COMME UN ICEBERG, Olivier Remaud, 2020.
JE EST UN NOUS. ENQUÊTE PHILOSOPHIQUE SUR NOS INTERDÉPENDANCES AVEC LE VIVANT, Jean-Philippe Pierron, 2021.
ÊTRE UN CHÊNE. SOUS L'ÉCORCE DE QUERCUS, Laurent Tillon, 2021.
AUTOBIOGRAPHIE D'UN POULPE. ET AUTRES RÉCITS D'ANTICIPATION, Vinciane Despret, 2021.
LA VALLÉE DE L'ABEILLE NOIRE, Yves Élie, 2021.
APPRENDRE À VOIR. LE POINT DE VUE DU VIVANT, Estelle Zhong Mengual, 2021.
PARMI LES ARBRES. ESSAI DE VIE COMMUNE, Alexis Jenni, 2021.
AU NOM DES REQUINS, François Sarano, 2022.
LES MANCHOTS DE MANDELA. ET AUTRES RÉCITS OCÉANIQUES, David Grémillet, 2021.
DANS LE SILLAGE DES CORBEAUX. POUR UNE ÉTHIQUE MULTISPÉCIFIQUE, Thom van Dooren, 2022.
HÉLIOSPHÉRA, FILLE DES ABYSSES, Wilfried N'Sondé, 2022.

Composition et mise en pages Nord Compo à Villeneuve-d'Ascq, reproduit et achevé d'imprimer en janvier 2023 par Normandie Roto Impression s.a.s. à Lonrai pour le compte des éditions Actes Sud, Le Méjan, place Nina-Berberova, 13200 Arles.
Dépôt légal 1re édition : octobre 2022.
N° impr. : 2300018
(Imprimé en France)